"十三五"普通高等教育规划教材

全国应用型本科院校通用教材

基础会计实训教程
（第2版）

主　编　覃士珍　张崇艳
副主编　薛国红　张　闽

中国财经出版传媒集团
中国财政经济出版社

图书在版编目（CIP）数据

基础会计实训教程／覃士珍，张崇艳主编. ——2版. ——北京：中国财政经济出版社，2020.4（2024.8重印）

"十三五"普通高等教育规划教材　全国财经类应用型本科院校通用教材

ISBN 978-7-5095-9671-5

Ⅰ.①基… Ⅱ.①覃… ②张… Ⅲ.①会计学－高等学校－教材 Ⅳ.①F230

中国版本图书馆CIP数据核字（2020）第035145号

责任编辑：蔡　宾　　　　　责任校对：张　凡
封面设计：陈宇琰

中国财政经济出版社 出版

URL：http://www.cfeph.cn
E-mail：cfeph@cfeph.cn

（版权所有　翻印必究）

社址：北京市海淀区阜成路甲28号　邮政编码：100142
营销中心电话：010-88191537　编辑部门电话：010-88190666
北京密兴印刷有限公司印刷　各地新华书店经销
787×1092毫米　16开　12.75印张　283 000字
2020年4月第2版　2024年8月北京第2次印刷
定价：38.00元
ISBN 978-7-5095-9671-5
（图书出现印装问题，本社负责调换）
本社质量投诉电话：010-88190744
打击盗版举报热线：010-88191661　QQ：2242791300

第 2 版前言

《基础会计实训教程》自 2015 年 8 月第一次出版以来，得到了各应用型院校师生的厚爱和支持，他们也很热心地提出了许多宝贵的建议和意见。在此，对给予了本教材大力支持的师生们深表感谢。

2015 年以来，财政部先后发布和修订了多项企业会计准则，并从 2016 年 5 月 1 日起全面实施"营改增"。增值税税率也经过了 2017 年、2018 年及 2019 年的连续调整。为了适应最新准则的规定，反映税制的最新变化，进一步增强本教材的适用性，更好地服务于教学，本书再版做了以下几个方面的修订工作：

1. 根据财政部 2016 年 12 月发布的《增值税会计处理规定》，对涉及增值税和营业税的内容进行了修改。

2. 根据国家税务总局公告 2017 年第 45 号《国家税务总局关于增值税发票管理若干事项的公告》，对涉及交通、水电及电信等服务的相关原始凭证进行了修改。

3. 根据财政部、税务总局、海关总署公告 2019 年第 39 号《关于深化增值税改革有关政策的公告》，将原增值税税率对应调整为 13%、9%、6% 三档。

4. 根据新准则要求，修订了一部分核算科目和报表项目。

本教材由南宁学院会计与审计学院的覃士珍、张崇艳担任主编，薛国红、张闽担任副主编，李雨音、廖莎莎等参与了修订工作。在本书的修订过程中，伍瑞斌教授提出了许多宝贵的修改意见，在此表示衷心的感谢！待本书出版后，敬请广大读者提出宝贵意见，以便我们进一步修改和完善。

编 者
2020 年 4 月 1 日

目录

实训项目一　会计数字书写　1

一、实训目的　1
二、实训要求　1
三、实训资料与练习　2

实训项目二　填制与审核原始凭证　6

一、实训目的　6
二、原始凭证的基本要求和内容　6
三、原始凭证填制要求　7
四、介绍原始凭证　8
五、填制原始凭证　16
六、审核原始凭证　28

实训项目三　填制与审核记账凭证　32

一、实训目的　32
二、记账凭证的基本内容　32
三、填制记账凭证　33
四、审核记账凭证　39
五、会计凭证的装订与保管　40
六、实训资料与练习　41

实训项目四　建账与登账　77

一、实训目的　77
二、会计账簿的概念与分类　77
三、会计账簿内容与登记规则　78

目 录

四、对账与结账 …………………………………………………………… 81
五、账簿的登记方法 ………………………………………………………… 82
六、登记现金日记账和银行存款日记账 …………………………………… 86
七、登记出纳账簿的实训资料及练习 ……………………………………… 89
八、登记会计账簿的实训资料及练习 ……………………………………… 97

实训项目五　财产清查　104

一、实训目的 ………………………………………………………………… 104
二、财产清查的概念及范围 ………………………………………………… 104
三、财产清查的种类 ………………………………………………………… 104
四、财产清查前的准备 ……………………………………………………… 105
五、实训资料与练习 ………………………………………………………… 106

实训项目六　会计报表编制　114

一、实训目的 ………………………………………………………………… 114
二、财务报表的编制要求 …………………………………………………… 114
三、资产负债表的编制 ……………………………………………………… 115
四、利润表的编制 …………………………………………………………… 116
五、实训资料及练习 ………………………………………………………… 117

实训项目七　基础会计综合实训　122

一、实训目的 ………………………………………………………………… 122
二、实训组织准备 …………………………………………………………… 122
三、实训要求 ………………………………………………………………… 123
四、实训操作设计 …………………………………………………………… 123
五、实训资料 ………………………………………………………………… 124

实训项目一 会计数字书写

一、实训目的

数码字的书写是会计的一项基本技能，书写规范与否直接关系到整个会计工作的质量。通过实训，使学生熟练掌握阿拉伯数字和大写数字的标准写法，做到书写规范、清晰、流畅、美观。

二、实训要求

（一）汉字大写数字与阿拉伯数字书写的要求

（1）阿拉伯数字不得连笔，字体要自右上方向左下方倾斜45°，同在一行的相邻数字之间要空出半个阿拉伯数字的位置，字体要各自成形、大小均匀、排列整齐，字迹要工整、清晰。

（2）有圆圈的数字如"6、8、9、0"等，圆圈必须封口；"6"的书写要比一般数字右上方长出1/4，"7"和"9"的书写要比一般数字向左下方（过底线）长出1/4。每个数字要紧靠账、证、表行格的底线书写，字体高度占行格高度的1/2以下。

（3）汉字大写数字要以正楷或行书字体书写，不得连笔写；不允许使用未经国务院公布的简化字或谐音字。大写数字一律用"壹、贰、叁、肆、伍、陆、柒、捌、玖、拾、佰、仟、万、亿、圆、角、分、零、整"等。

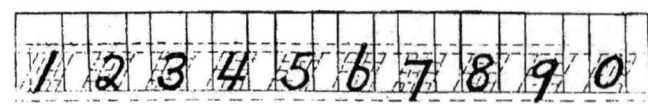

(4) 阿拉伯数字金额前有人民币符号"￥",汉字大写金额前要写"人民币",货币名称与金额数字之间不得留有空白。

(5) 阿拉伯数字中间有"0"时,汉字大写要写"零"字;阿拉伯数字金额中间连续有几个"0"时,汉字大写金额中可以只写一个"零"。

(6) 阿拉伯数字金额元位是"0"或者数字中间连续有几个"0"元位也是"0"但角位不是"0"时,汉字大写金额可以只写一个"零"字,也可以不写零字。阿拉伯数字金额万位或元位是"0"或数字中间连续几个"0",万位、元位也是"0",但千位、角位不是"0"时,中文大写金额中可只写一个零字。

(7) 汉字大写金额数字到元或角为止的,在"元"或"角"字之后应当写"整"字,汉字大写金额数字有分的,分字后面不写"整"字。

(8) 阿拉伯数字金额最高是"1"的,汉字大写金额要加写"壹"字。

(9) 所有以元为单位的阿拉伯数字,除表示单价等情况外,一律写到角、分;无角、分的,角位和分位可写"00"或"—",有角无分的,分位应写"0"不得用符号"—"代替。

(二) 票据出票日期的书写要求

票据的出票日期必须使用中文大写。在填写月、日时,月为壹、贰和壹拾的,日为壹至玖和壹拾、贰拾、叁拾的,应在其前面加"零"字;日为拾壹至拾玖的,应在其前面加"壹"字。

三、实训资料与练习

(一) 数码字的练习

1. 阿拉伯数字

实训项目一　会计数字书写

实训项目一 会计数字书写

2. 汉字大写练习

壹	贰	叁	肆	伍	陆	柒	捌	玖	壹	贰	叁	肆	伍	陆	柒	捌	玖

（二）将小写数字金额转换为中文大写数字金额

序号	会计凭证账表上的小写金额栏								原始凭证上的大写金额栏
	没有数位分割线	有数位分割线							
		十	万	千	佰	十	元	角	分	
例：¥900.00					¥	9	0	0	0	0	人民币 玖佰圆整
（1）¥7 506.50										人民币
（2）¥1 680.32										人民币
（3）¥86 001.73										人民币
（4）¥20 007.00										人民币
（5）¥103 765.08										人民币
（6）¥56 780.20										人民币
（7）¥190 807.09										人民币
（8）¥30 700.05										人民币
（9）¥93 060.50										人民币

续表

序号	会计凭证账表上的小写金额栏									原始凭证上的大写金额栏
	没有数位分割线	有数位分割线								
		十万	仟	佰	十	元	角	分		
例：¥530.05			¥	5	3	0	0	5	人民币⊗拾⊗万⊗仟伍佰叁拾零圆零角伍分
(1) ¥105 674.00									人民币 拾 万 仟 佰 拾 圆 角 分
(2) ¥8 755.20									人民币 拾 万 仟 佰 拾 圆 角 分
(3) ¥35 810.30									人民币 拾 万 仟 佰 拾 圆 角 分
(4) ¥4 589.07									人民币 拾 万 仟 佰 拾 圆 角 分
(5) ¥190 000.00									人民币 拾 万 仟 佰 拾 圆 角 分
(6) ¥650 080.05									人民币 拾 万 仟 佰 拾 圆 角 分
(7) ¥33 105.00									人民币 拾 万 仟 佰 拾 圆 角 分
(8) ¥5 009.00									人民币 拾 万 仟 佰 拾 圆 角 分
(9) ¥25 087.53									人民币 拾 万 仟 佰 拾 圆 角 分

（三）练习票据日期的填写

（1）2015 年 1 月 9 日

（2）2015 年 3 月 5 日

（3）2020 年 10 月 20 日

（4）2020 年 7 月 7 日

（5）2021 年 2 月 28 日

（6）2022 年 11 月 12 日

实训项目二

填制与审核原始凭证

一、实训目的

通过训练认识发生经济业务产生的原始凭证，了解原始凭证的种类和内容，掌握原始凭证的填制要求、方法以及审核内容和要求。

二、原始凭证的基本要求和内容

原始凭证又称单据，是在经济业务发生或完成时取得或填制的，用以记录或证明经济业务的发生或完成情况、明确有关经济责任的文字凭据。

原始凭证的基本内容如下：
（1）凭证的名称；
（2）填制单位签章；
（3）填制凭证的日期及编号；
（4）经办人员签章；
（5）接受凭证单位的名称；
（6）经济业务事项的内容（含数量、单价、金额）。

实训项目二 填制与审核原始凭证

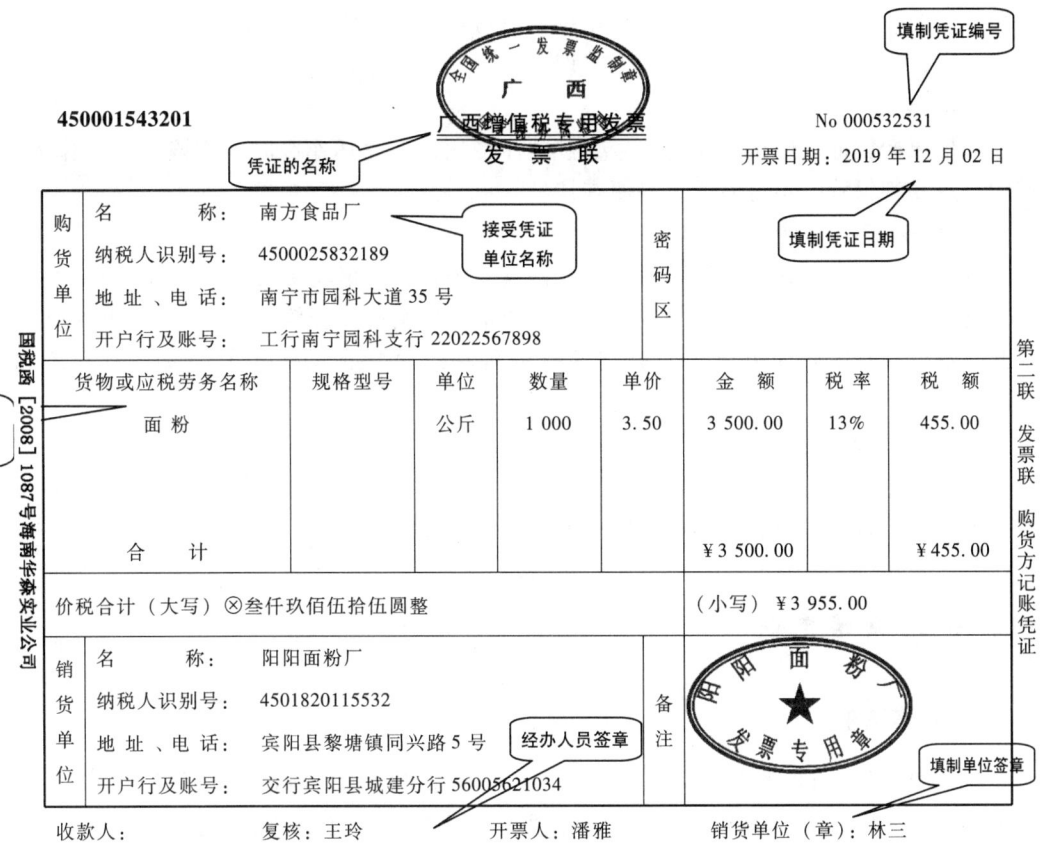

三、原始凭证填制要求

原始凭证是编制记账凭证的依据，是会计核算最基础的资料。为保证会计核算工作的质量，必须根据《会计法》和《会计基础工作规范》规定，正确填制原始凭证。

填制原始凭证必须符合以下要求：

1. 记录真实可靠

原始凭证所填列的经济业务内容和数字必须真实可靠，符合实际情况。

2. 内容完整

原始凭证所要求填列的项目要逐项填写齐全，不可缺漏；填制的日期即为原始凭证的实际发生或完成的日期；名称要全写，不可简化；品名或用途要写明确，不能含糊不清；有关人员签章必须齐全。

3. 手续完备

单位自制的原始凭证必须有经办人、单位负责人的签名或者盖章；对外开出的原始凭证，必须盖有本单位的公章；从外单位取得的原始凭证，必须盖有填制单位的公章；从个人手上取得的原始凭证，必须有填制人员的签名或者盖章。

4. 书写清楚、规范

原始凭证要按规定填写，文字要简明，字迹要清楚，易于辨认，不得使用未经国务院公布的简化汉字。大小写金额必须相符且填写规范,支票等票据的出票日期必须使用汉字大写,不得更改,其规范要求见实训项目一——会计数字书写。

5. 连续编号

如果原始凭证已经预先印定编号,按顺序使用,在写坏作废时,应该加盖"作废"戳记,并妥善保管,不得撕毁,以便查核。

6. 不得涂改、刮擦、挖补

填写各种原始凭证,不得随意涂改、刮擦、挖补,若填写错误的,应由出具单位重开或更正,更正错误的地方应加盖出具单位印章。原始凭证金额有误的,应由出具单位重开,不得在原始凭证上更正。提交银行的各种结算凭证的大小写金额,一律不得涂改。

7. 及时填制

各种原始凭证一定要及时填写,并按规定程序及时送交会计机构、会计人员进行审核。不可拖延时日填写、也不可事后再追记。

四、介绍原始凭证

(一) 借款单

"借款单"是由借款人填写,经本单位(或有关部门)的领导批准后送交财务部门办理借款的单据。基本联次:两联(①存根、②记账联),也有单联的。

财会部门对借款单进行审核后加盖财务专用章,准予借款,出纳人员据以支付现金或开具现金支票给借款人到银行提取现金,记账联作为入账的依据。

<u>借 款 单</u>

借款理由:参加会议借支差旅费		
借款数额(大写)<u>肆仟圆整</u>　　　　　　　¥4 000.00		
	借款人签章:黄哲　　　　2019 年 12 月 4 日	
单位领导意见:郑立	部门负责人意见:黄薇薇	会计主管意见:韦敏

(二) 收款收据

收款收据是企业因相关业务而收取租金、押金、罚款、赔款以及其他款项收回时开具的单据。基本联次:三联(①存根、②收据、③会计记账),由企业出纳人员收款时一次性套写,按编号顺序使用。

收款收据开具完毕,应进行复核,以防差错,收款收据第一联留作备查,其余各联撕下,第二联盖财务专用章和收款人签章,交给付款单位或个人收执,第三联留做入账依据。

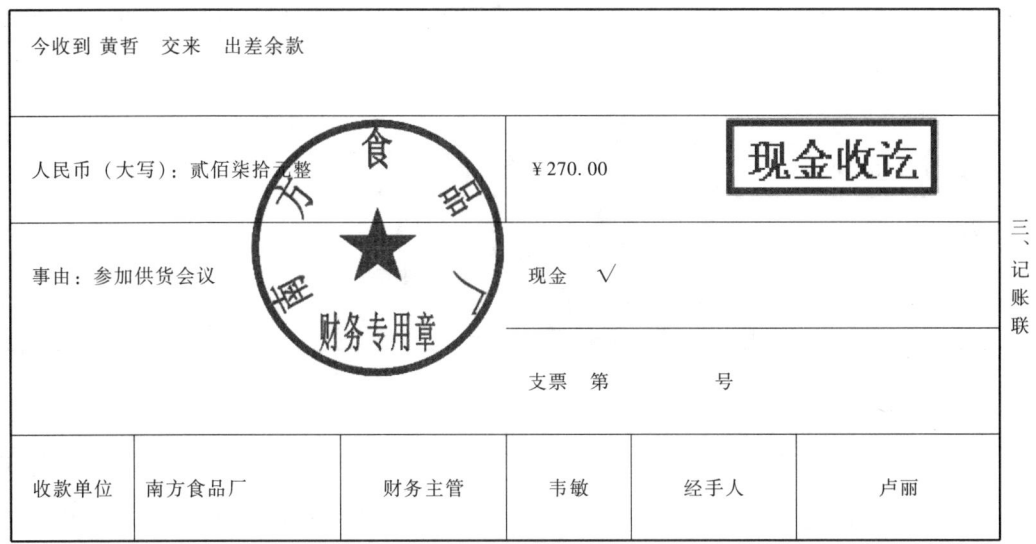

(三) 支票

支票是出票人签发的,委托办理支票存款业务的银行在见票时无条件支付确定的金额给收款人或持票人的票据,支票的提示付款期限为 10 天,超过提示付款期限提示付款的,持票人开户银行不予受理,付款人不予付款。

(1) 支票分类:现金支票(只能提取现金),转账支票(只能转账)。基本联次为两联:支票存根,支票正联。由企业出纳人员填写。支票正联,送交银行,银行作划出款项依据,支票存根为企业做付款入账的依据。支票背书用于跨行存款或提现的背书记载。

(2) 支票正联填写:企业因购买商品、材料、接受服务或其他事项而签发支票,由企业出纳人员负责填写,必须使用钢笔或签字笔,用碳素墨水或蓝黑墨水,按有关规定认真填写支票中的有关栏目。填写支票正面内容有:收款人、付款行(开户行)名称和出票人(签发人)账号、出票日期(大写)、大小写金额、用途等项,最后在支票正面的出票人签章栏加盖银行预留印鉴。

(3) 支票存根填写的日期与正联一致,存根联的日期可以用阿拉伯数字小写,收款人、金额、用途与正联一致。

实训项目二 填制与审核原始凭证

中国工商银行
转账支票存根
Ⅸ Ⅱ 012320150

科　　目＿＿＿＿＿＿
对方科目＿＿＿＿＿＿
出票日期 2019 年 12 月 10 日
收款人：时代广告公司
金　　额：￥54 000.00
用　　途：广告费
单位主管　　　会计

中国工商银行　　**转账支票**　Ⅸ Ⅱ 012320150
出票日期（大写）贰零壹玖年壹拾贰月零壹拾日　付款行名称：工行南宁园科支行
收款人：时代广告公司　　　　　　　　　　　　出票人账号：22022567898

人民币（大写）	伍万肆仟元整	千	百	十	万	千	百	十	元	角	分
			￥	5	4	0	0	0	0	0	0

用途：广告费
上列款项请从
我账户内支付
出票人签章

科目（借）＿＿＿＿＿　支付密码
对方科目（贷）＿＿＿＿＿
转账日期　　　年　　月　　日
出纳　　　复核　　　记账

中国工商银行
现金支票存根
Ⅸ Ⅱ 02500173

科　　目＿＿＿＿＿＿
对方科目＿＿＿＿＿＿
出票日期 2019 年 12 月 13 日
收款人：南方食品厂
金　　额：￥7 000.00
用　　途：备用金
单位主管　　　会计

中国工商银行　　**现金支票**　Ⅸ Ⅱ 02500173
出票日期(大写)贰零壹玖年壹拾贰月壹拾叁日　付款行名称：工行南宁园科支行
收款人：南方食品厂　　　　　　　　　　　　　出票人账号：22022567898

本支票付款期十天

人民币（大写）	柒仟元整	百	十	万	千	百	十	元	角	分
					￥	7	0	0	0	0	0

用途：备用金
上列款项请从
我账户内支付
出票人签章

科目（借）＿＿＿＿＿　支付密码
对方科目（贷）＿＿＿＿＿
付讫日期　　　年　　月　　日
出纳　　　复核　　　记账
贴对号单处　　Ⅸ Ⅱ 02500173

（4）现金支票的反面写上提款人的姓名、身份证号码，再盖上预留在银行印鉴章，方可去银行提款。

支票背面	
附加信息	被背书人
	（东方食品厂财务专用章） （郑立） 背书人签章 年　月　日
身份证名称：卢丽　　发证机关： 号码 4 5 0 1 0 4 1 9 8 8 1 2 2 2 1 2 3 4	

（5）支票按编号顺序使用。使用规定：签发支票内容要齐全，大小写金额要相符；签发现金支票必须符合库存现金管理的规定；不得签发空头支票；不得出租、出借支票。

（四）汇兑

汇兑结算方式是汇款人（付款企业）委托银行将其款项支付给收款人的结算方式。这种结算方式划拨款项简便、灵活。汇兑分为信汇、电汇两种。信汇是指汇款人委托银行通过邮寄方式将款项划给收款人，电汇是指汇款人委托银行通过电讯手段将款项划转给收款人，两种方式可由汇款人根据需要选择使用。单位和个人异地之间的各种款项的结算，均可使用。

汇款人委托银行办理信汇或电汇时，汇款单位出纳员应向银行填制一式四联的信汇，或一式三联的电汇凭证，按要求详细填写收、付款人名称、账号、汇入地点及汇入行名称、汇款金额、汇款用途（军工产品可以免填）等各项内容。并在信、电汇凭证第二联上加盖预留银行印鉴。

信汇凭证一式四联。"信汇凭证"第一联（回单），是汇出行受理信汇凭证后给汇款人的回单；第二联（支款凭证），是汇款人委托开户银行办理信汇时转账付款的支付凭证；第三联（收款凭证），是汇入行将款项收入收款人账户后的收款凭证；第四联（收账通知或取款收据），是在直接记入收款人账户后通知收款人的收款通知，或不直接记入收款人账户时收款人凭以领取款项的取款收据。

电汇凭证一式三联。第一联（回单），是汇出行给汇款人的回单；第二联（支款凭证），为汇出银行办理转账付款的支款凭证；第三联（发电报依据），是汇出行向汇入行拍发电报的凭据。

实训项目二　填制与审核原始凭证

中国工商银行信汇凭证（回单）　1

委托日期　2019 年 12 月 15 日

汇款人	全　称	南方食品厂	收款人	全　称	阳阳面粉厂	此联是汇出银行给汇款人的回单
	账　号	22022567898		账　号	56005621034	
	汇出地点	广西 省 南宁 市/县		汇入地点	广西 省 南宁 市/县	
	汇出行名称	工行南宁园科支行		汇入行名称	交行宾阳县城建分行	

人民币（大写）	陆万陆仟捌佰元整	百	十	万	千	百	十	元	角	分
				¥ 6	6	8	0	0	0	0

汇出银行签章（中国工商银行南宁园科支行 核算用章（08））

附加信息及用途　付货款

汇出行受理汇款人的信汇、电汇凭证后，应按规定进行审查。审查的内容包括：信汇、电汇凭证填写的各项内容是否齐全、正确；汇款人账户内是否有足够支付的存款余额；汇款人盖的印章是否与预留银行印鉴相符等等。审查无误后即可办理汇款手续，在第一联回单上加盖"转讫"章退给汇款单位，并按规定收取手续费；如果不符合条件的，汇出银行不予办理汇出手续，作退票处理。

汇兑结算方式的流转程序：付款企业应在向汇出银行办理汇款手续后，根据汇款回单编制付款凭证入账；收款企业应在收到汇入银行的收账通知时编制收款凭证入账。

（五）商业承兑汇票

商业承兑汇票是由银行以外的付款人承兑，委托付款人在指定日期无条件支付确定的金额给收款人或者持票人的票据。商业承兑汇票可以由付款人签发并承兑，也可以由收款人签发交由付款人承兑。商业汇票的付款人为承兑人。适用于同城或异地款项结算。

商业承兑汇票的出票人，为在银行开立存款账户的法人以及其他组织，与付款人具有真实的委托付款关系，具有支付汇票金额的可靠资金来源。必须具有真实的交易关系或债权债务关系，才能使用商业承兑汇票。商业承兑汇票按交易双方约定，由销货企业或购货企业签发，但由购货企业承兑。

商业承兑汇票一式三联，第一联（卡片）由承兑人留存；第二联（汇票）此联持票人开户银行随委托收款凭证寄付款人开户行作借方凭证附件；第三联（存根）由出票人存查。

特点：

（1）适用范围相对较窄。只适用于企业之间由于先发货后收款或双方约定延期付款的商品交易。

（2）使用对象相对较少。使用对象条件：一是在银行开立账户，二是具有法人资格。

（3）必须经过承兑。

（4）未到期的商业汇票可以到银行办理贴现。

（5）同城、异地都可以使用，而且没有结算起点的限制。

商业承兑汇票填写注意事项：出票金额必须大写和小写都要有。汇票签发和到期日必须是大写，所盖的公章是出票单位的财务专用章和法人私章。

商业承兑汇票（存根3） No：14900243

签发日期贰零壹玖年零壹拾月零壹拾日

收款人	全 称	华盛食品公司		付款人	全 称	南方食品厂								
	账 号	22035700059			账 号	22022567898								
	开户银行	中行南宁六一分理处			开户银行	工行南宁园科支行								
汇票金额	人民币（大写）	伍万玖仟壹佰陆拾元整			千	百	十	万	千	百	十	元	角	分
							￥	5	9	1	6	0	0	0
汇票到期日	贰零壹玖年零壹拾月零壹拾日			交易合同号			0083							
本汇票请本单位承兑，到期日无条件支付票款 此致 承兑人盖章　　　　　　　　　年　月　日				出票人盖章 负责人										

此联出票人留存

（六）委托收款

委托收款是收款人委托银行向付款人收取款项的结算方式。按款项划回方式分类：邮寄和电报划回。适用于：同城和异地结算，不受起点金额限制。

委托收款凭证（回单） 1

2019年12月20日　　　　　　　　　　　　　　　　　委托号码 1021

付款人	全 称	汇通商贸公司		收款人	全 称	南方食品厂								
	账 号	32100123268			账 号	22022567898								
	开户银行	农行邕宁彩虹支行			开户银行	工行南宁园科支行								
人民币（大写）	捌万壹仟捌佰陆拾元整				千	百	十	万	千	百	十	元	角	分
							￥	8	1	8	6	0	0	0
货款内容			委托收款凭证名称	委托收款凭证（电划）		附寄单证张数	1							
备注			银行意见 收款单位开户行盖章 2019年6月21日			科目（付） 对方科目（收） 转账　　年　月　日 复核员　　记账员								

此联是收款单位开户银行给收款人受理回单

委托收款凭证一式五联。第一联为回单，由收款人开户银行盖章后退给收款人的受理回单；第二联为收款凭证，收款人开户银行作收入传票；第三联为支款凭证，付款人开户银行作为付出传票；"委邮"第四联为收账通知，是收款人开户银行在款项收妥后给收款人的收款通知，"委电"第四联为发电报的依据，付款人开户银行凭此向收款人开户银行拍发电报；第五联为付款通知，是付款人开户银行给付款人按期付款的通知。

收款单位出纳员应按规定逐项填写委托收款凭证的各项内容，如收款单位名称、账号、开户银行，付款单位的名称、账号或地址、开户银行，委托金额大、小写，款项内容（如贷款、劳务费等），委托收款凭据名称（如发票等），及所附单证张数等，然后在委托收款凭证第二联上加盖收款单位印章后，将委托收款凭证和委托收款依据一并送交开户银行。

收款单位开户银行审查无误后办理委托收款手续，在委托收款凭证第一联上加盖业务专用章后退给收款单位，同时按规定收取一定量的手续费和邮电费。

收款单位向银行办妥托收，取回委托收款凭证的回单，即取得收取款项的权利，待取得收款通知时才算真正收到款项。

（七）银行进账单

银行进账单是持票人或收款人将从外单位取得的支票、银行本票、银行汇票、商业汇票等票据款项存入收款人在银行账户的凭证，也是银行将票据款项记入收款人账户的凭证。

进账单一式两联，第一联为给持票人的回单（即收账通知），第二联为银行的贷方凭证。

企业出纳员根据取得的票据填写进账单，必须清楚地填写票据种类、票据张数、收款人名称、收款人开户银行及账号、付款人名称、付款人开户银行及账号、票据金额等栏目，全部联次双面一次套写完成。对进账单及相关票据进行复核无误后，把进账单连同相关票据一并交给银行经办人员。银行受理后，银行在第一联上加盖转讫章并退给收款人，收款人凭此记账。

中国工商银行进账单（回单）

2019 年 12 月 22 日 第 009 号

付款人	全 称	城南百货超市	收款人	全 称	南方食品厂
	账 号	55004321911		账 号	22022567898
	开户银行	交行南宁市葛东路支行		开户银行	工行南宁园科支行
人民币（大写）		肆万叁仟壹佰贰拾元整	千百十万千百十元角分 ¥ 4 3 1 2 0 0 0		
票据种类		转账支票			
票据张数		16	中国工商银行南宁园科支行 核算用章（08）		
单位	主管	会计 复核 记账			

此联是收款人开户行交收款人回单（收款通知）

进账单上填列的收款人名称、账号、金额、内容均不得更改，其他项目内容应根据所附票据的相关内容据实填列。

（八）增值税专用发票

增值税专用发票是增值税一般纳税人（以下简称一般纳税人）销售货物或者提供应税劳务开具的发票，是购买方支付增值税额并可按照增值税有关规定据以抵扣增值税进项税额的凭证。

增值税专用发票基本联次为四联，①存根、②发票联、③抵扣联、④记账联。应由销售方有开票资格的人员填制。

存根，销售方留作存查；发票联，作为购买方核算采购成本和增值税进项税额的记账凭证；抵扣联，作为购买方报送主管税务机关认证和留存备查的凭证；记账联，作为销售方核算销售收入和增值税销项税额的记账凭证。其他联次用途，由一般纳税人自行确定。

企业采购材料等货物时发票联为原始凭证，抵扣联单独保管据以向税务机关抵扣税款。企业销售产品时以记账联作为原始凭证。

4500001170　　　　　　　广西增值税专用发票　　　　　　　No 00309621
　　　　　　　　　　　　　　　　　　　　　　　　　　　　开票日期：2019 年 12 月 8 日

购货单位	名　　称：	城南百货超市				密码区		
	纳税人识别号：	450104011776645						
	地　址、电　话：	南宁市葛东路 177 号						
	开户行及账号：	交行南宁市葛东路支行 55004321911						
货物或应税劳务名称	规格型号	单位	数　量	单价	金　额		税率	税　额
*饼干*薄脆饼		公斤	500	16.00	8 000.00		13%	1 040.00
*饼干*蛋香饼		公斤	1 000	20.00	20 000.00		13%	2 600.00
合　　计					￥28 000.00			￥3 640.00
价税合计（大写）⊗叁万壹仟陆佰肆拾圆整					（小写）￥31 640.00			
销货单位	名　　称：	南方食品厂				备注		
	纳税人识别号：	4500025832189						
	地　址、电　话：	南宁市园科大道 35 号						
	开户行及账号：	工行南宁园科支行 22022567898						

收款人：卢丽　　　　　复核：姚姚　　　　　开票人：韦敏　　　　　销货单位（章）

（九）收料单

收料单也称"材料入库单"是企业自制材料、外购材料交仓库，验收入库的单据。

收料单，一式四联，①存根、②客户、③会计记账、④仓库。一般由仓库保管人员

实训项目二 填制与审核原始凭证

根据销货单位的发票、运费单据及实际验收入库数填写。

收 料 单

供货单位：阳阳面粉厂　　2019 年 12 月 22 日　　　　　收料库：材料仓　入库字　第 003 号

材料编号	材料规格及名称	计量单位	数量 应收	数量 实收	单价	买价	运杂费	实际成本
01	面粉	公斤	1 000	1 000	3.00	3 000.00	400.00	3 400.00
		合　　　计				¥ 3 000.00	400.00	¥ 3 400.00
备注：增值税专用发票号　00532053								

采购：　　　　检验：宋湘　　　　记账员：姚姚　　　　保管员：苏林

（右侧：三记账联）

（十）领料单

领料单是企业自制的、仓库储存的材料领用出库单据。基本联次为三联：①领料部门存、②仓库记账、③财务记账。一般由领料部门人员根据生产或耗用材料计划和需要填写。

收 料 单

仓库：材料库　　　　2019 年 12 月 23 日　　　　　　　　　领　字 001 号

材料编号	材料名称及规格	单位	数量 请领	数量 实领	单价	金额 总价
01	面粉	公斤	1 000	1 000	4.00	4 000.00
02	白糖	公斤	300	300	8.00	2 400.00
05	食用添加剂	公斤	40	40	6.00	240.00
合　　　计						¥ 6 640.00

用途：生产薄脆饼　　　领料部门：生产车间　张涛　　　发料部门：材料仓库　苏林

（右侧：三记账联）

五、填制原始凭证

（一）实训要求

根据下列实训资料，按原始凭证填制要求和方法，以南方食品厂内的岗位人员（角色）填制原始凭证并签章。

（二）实训资料

南方食品厂 2019 年 10 月发生的经济业务如下：

1. 10月7日，业务员杨智出差到湖南长沙市参加培训，出纳以现金支付其借款3 500元。

要求：杨智填制借款单，见表2-1。

表2-1　　　　　　　　　　　　借　款　单

借款理由：		
借款数额（大写）　　　　　　　　　　　　　　　¥		
借款人签章　　　　　　　　　年　月　日		
单位领导意见：	部门负责人意见：	会计主管人员意见：

2. 10月16日，杨智出差回来报销差旅费2 560元，并退回多余现金940元，出纳卢丽填制收款收据一张（差旅费报销单见表2-2、收款收据见表2-3）。

表2-2　　　　　　　　　　　　旅差费报销单

姓名　杨智　　　　　　　　　　　填报：2019年10月16日

出差事由　到湖南长沙出差　　　　记账：　年　月　日

总字第　号	字第　号	账页	记账

日　期				地点		车船费		宿费	途中补助费		住勤费			其他	合计金额							备注
起		讫		起	讫	类别	金额		天数	金额	地点	天数	金额		万	千	百	十	元	角	分	
月	日	时	月	日	时																	
10	7		10	15		南宁	长沙	火车	760.00	600.00					170.00		1	5	3	0	0	0
								汽车	130.00						800.00			9	3	0	0	0
								交通	100.00									1	0	0	0	0
									990.00	600.00					970.00							

以上单据共　　6　　张　　　总计金额（大写）贰仟伍佰陆拾圆整　　　¥ 2 5 6 0 0

1. 预支　　　　2. 外借　　　　3. 缴回　　　　4. 补付

旅费币：3 500.00　　旅费币：　　　现款币：940.00　　现款币：

单位领导：郑立　　　会计：姚姚　　　分录：姚姚　　　审核：韦敏　　　出差人：杨智

实训项目二　填制与审核原始凭证

表 2-3　　　　　　　　　收　款　收　据
　　　　　　　　　　　　　年　月　日

今收到		交来		
人民币（大写）			¥	
事由：			现金	
			支票　第　　　　号	
收款单位		财务主管	收款人	

3. 10月16日，出纳开出现金支票从银行提取现金2 000元备用，见表2-4。

备注：南方食品厂，纳税人识别号：4500025832189，地址：南宁市园科大道35号，开户行及账号：工行南宁园科支行，账号：22022567898，出纳：卢丽。

表 2-4

中国工商银行 现金支票存根 IX II 025000743 科　目 对方科目 出票日期　年　月　日 收款人： 金　额： 用　途： 单位主管　　　会计	本支票付款期十天	中国工商银行　　现金支票 IX II 025000743 出票日期(大写)　年　月　日　付款行名称： 收款人：　　　　　　　　　出票人账号：										
		人民币 （大写）	千	百	十	万	千	百	十	元	角	分
		用途 上列款项请从 我账户内支付 出票人签章	科目（借）　　　　　　　支付密码 对方科目（贷） 付讫日期　　　年　月　日 出纳　　　复核　　　记账 贴对号单处　　　IX II 02500073									

4. 10月17日，向华盛食品公司购入鸡蛋200公斤，单价6元，货款1 200元，增值税进项税156元。款已付，鸡蛋尚未收到。华盛食品公司的增值税专用发票第二联见表2-5，第三联抵扣联（暂略）。

要求：出纳卢丽填制转账支票（其中支票存根为南方食品厂的原始凭证，将支票正联交给收款方），见表2-6。

表 2-5

450001230452

No 003123459

开票日期：2019 年 10 月 17 日

购货单位	名　　称	南方食品厂			密码区			
	纳税人识别号：	4500025832189						
	地　址、电　话：	南宁市园科大道 35 号						
	开户行及账号：	工行南宁园科支行 22022567898						
货物或应税劳务名称	规格型号	单位	数量	单价	金　　额	税率	税　　额
*食品*鸡蛋		公斤	200	6.00	1 200.00	13%	156.00
合　计					¥ 1 200.00		¥ 156.00
价税合计（大写）⊗壹仟叁佰伍拾陆元整					（小写）¥ 1 356.00		
销货单位	名　　称	华盛食品公司			备注		
	纳税人识别号：	4501020134957					
	地　址、电　话：	南宁市六一路 290 号					
	开户行及账号：	工行南宁六一分理处 22035700059					

收款人：　　　　　复核：雷鸣　　　　开票人：周平　　　　销货单位（章）

表 2-6

中国工商银行 转账支票存根 Ⅸ Ⅱ 012321501	中国工商银行　　转账支票　　Ⅸ Ⅱ 012321501		
	出票日期（大写）　　　年　月　日	付款行名称： 出票人账号：	
科　目＿＿＿＿＿＿	收款人：＿＿＿＿＿＿＿＿＿＿＿		千百十万千百十元角分
对方科目＿＿＿＿＿＿	人民币 （大写）		
出票日期　年　月　日			
收款人：	用途＿＿＿＿＿＿	科目（借）＿＿＿＿＿＿	支付密码
金　额：	上列款项请从 我账户内支付	对方科目（贷）＿＿＿＿＿＿	
用　途：	出票人签章	转账日期　　年　月　日 出纳　　复核　　记账	
单位主管　　会计			

5. 10 月 18 日，从南宁市华盛食品公司 18 日购入的鸡蛋 200 公斤（增值税专用发票见表 2-5），已验收入库。

实训项目二 填制与审核原始凭证

要求：仓库保管员苏林填制收料单，见表2-7。

表2-7

收 料 单

供货单位：　　　　　　　　　　　　年　月　日　　收料库：材料仓　入库字　第　号

材料编号	材料规格及名称	计量单位	数量		单价	买价	运杂费	实际成本
			应收	实收				
合　　计								
备注：增值税专用发票号								
采购　　　　检验　　　　记账员　　　　保管员								

（三记账联）

6. 10月20日，向欣欣贸易公司购入花生油400公斤，每公斤15.90元，货款6 360元，运杂费80元，增值税进项税826.80元，花生油尚未运到，开出期限3个月，合同号0042，金额是906.80元的无息商业承兑汇票一张。增值税专用发票第二联发票联见表2-8，第三联抵扣联（暂略），货运发票见表2-9。

要求：出纳卢丽签发商业承兑汇票，见表2-10。

表2-8

4500054352　　　　　　　　　　　　　　No 003543201

开票日期：2019年10月21日

购货单位	名　　　称：	南方食品厂						密码区		
	纳税人识别号：	4500025832189								
	地　址、电话：	南宁市园科大道35号								
	开户行及账号：	工行南宁园科支行 22022567898								
货物或应税劳务名称		规格型号	单位	数量		单价	金　额		税率	税　额
*食用油及制品*花生油			公斤	400		15.90	6 360.00		13%	826.80
合　　计							¥6 360.00			¥826.80
价税合计（大写）　⊗柒仟壹佰捌拾陆圆捌角整							（小写）　¥7 186.80			
销货单位	名　　　称：	欣欣贸易公司					备注			
	纳税人识别号：	4501009914712								
	地　址、电话：	南宁市葛东路西一里								
	开户行及账号：	北部湾银行邕城分行 11198700562								

收款人：　　　　　　复核：姚姚　　　　　　开票人：卢丽　　　　　　销货单位（章）

（第二联　发票联　购货方记账凭证）

表 2-9

南宁市运输、装卸统一发票

发票联

No：1100274212

购货单位：南方食品厂　　　　　2019 年 10 月 21 日

货物名称	起止地点	距离（公里）	重量（公斤）	单价（公斤价）	超过万元无效	金　额					
						千	百	十	元	角	分
花生油	邕宁至西乡塘	30	400	0.2元				8	0	0	0
合计人民币（大写）⊗ 捌 拾元整							¥	8	0	0	0
备注：件数 16											
收款单位（财务公章）		会计：		收款人：何涛			经手人：赖文娟				

表 2-10　　　　　　　　　　商业承兑汇票（存根3）　　No：1590224

签发日期　　　年　　月　　日

收款人	全　称		付款人	全　称										
	账　号			账　号										
	开户银行			开户银行										
汇票金额	人民币（大写）				千	百	十	万	千	百	十	元	角	分
汇票到期日		年　月　日		交易合同号										
本汇票由本单位承兑，到期时无条件承兑汇票款项给收款单位。　此致				备注										
承兑人盖章			年 月 日											

此联出票人（付款人）留存

7. 10 月 21 日，向欣欣贸易公司购入的花生油 400 公斤，由仓库验收入库，款项于 21 日支付。

要求：仓库保管员苏林填制收料单见表 2-11。

表 2-11

收 料 单

供货单位： 　　　　　　　　　　　年　月　日　　　　　收料库：材料仓　入库字　第　号

材料编号	材料规格及名称	计量单位	数量		单价	买价	运杂费	实际成本
			应收	实收				
合　　计								

备注：增值税专用发票号

采购　　　　　　检验　　　　　　记账员　　　　　　保管员

（三记账联）

8. 10月22日，生产产品领用原材料，见表2-12。

表 2-12

用　途	面粉		白糖		花生油		食用添加剂		合计（元）
	公斤	单价	公斤	单价	公斤	单价	盒	单价	
生产薄脆饼	1 500	4元	400	8元	240	16元	15	10	

要求：生产车间主任张涛填制领料单，见表2-13。

表 2-13

领 料 单

仓库：材料库　　　　　　　　　　　年　月　日　　　　　　　　　　字　号

材料编号	材料名称及规格	单位	数量		金额	
			请领	实领	单价	总价
合　　计						

用途　　　　　　　　　　领料部门：生产车间 张涛　　　发料部门：材料仓库 苏林

（三记账联）

9. 10月30日，销售给汇通商贸公司的薄饼1 200公斤，单位成本12元，每公斤售价16元，鸡蛋饼2 000公斤，单位成本15元，每公斤售价20元；增值税率13%；收到转账支票正联，见表2-16。

实训项目二　填制与审核原始凭证

要求：业务员填制商品出库单见表 2-14，会计姚姚填制增值税专用发票见表 2-15，出纳卢丽填制银行进账单见表 2-17。

表 2-14　　　　　　　　　　商　品　出　库　单（财务联）

购货单位：					年　月　日								第　号
品名规格	计量单位	数量	单价	金　额									用途或原因
				十万	万	千	百	十	元	角	分		

仓库负责人　　　　记账　　　　提货人　　　　仓库保管员　　　　制单

备注：南方食品厂，纳税人识别号：4500025832189，地址：南宁市园科大道 35 号，开户行及账号：工行南宁园科支行，账号：22022567898。

汇通商贸公司，纳税人识别号：4501037531593，地址：南宁市邕宁区向东路 3 号，开户行及账号：农行邕宁彩虹支行，32100123268。

表 2-15

45000911707　　　　　　　　　　　　No 003097047

　　　　　　　　　　　　　　　　　　　　　　　　　　　　　开票日期：　年　月　日

购货单位	名　称：					密码区				
	纳税人识别号：									
	地址、电话：									
	开户行及账号：									
	货物或应税劳务名称	规格型号	单位	数量	单价	金额		税率	税额	
	合　　计									
价税合计（大写）	拾　万　仟　佰　拾　圆　角　分					（小写）				
销货单位	名　称：					备注				
	纳税人识别号：									
	地址、电话：									
	开户行及账号：									

收款人　　　　复核　　　　开票人：　　　　　　　　销货单位（章）

表 2-16

| 中国工商银行 | 转账支票 | IX II 01232051 |

出票日期（大写）贰零壹玖年零壹拾月零叁拾日　付款行名称：农行邕宁彩虹支行
收款人：南方食品厂　　　　　　　　　　　　　出票人账号：32100123268

人民币（大写）	陆万陆仟捌佰玖拾陆元整	百	十	万	千	百	十	元	角	分
			¥	6	6	8	9	6	0	0

用途：
上列款项请从
我账户内支付
出票人签章

科目（借）_____　　支付密码
对方科目（贷）_____
转账日期　　年　　月　　日
出纳　　复核　　记账

表 2-17　　　　　　　中国工商银行进账单（回单）
　　　　　　　　　　　　　年　　月　　日　　　　　　　　第　号

付款人	全　称		收款人	全　称											此联是收款人开户行交收款人回单（收款通知）
	账　号			账　号											
	开户银行			开户银行											
人民币（大写）					千	百	十	万	千	百	十	元	角	分	
								¥							
票据种类															
票据张数															

10. 10 月 30 日开出信汇凭证，归还原欠阳阳面粉厂的货款 3 000 元。

要求：出纳卢丽填制信汇凭证见表 2-18

备注：南方食品厂，地址：南宁市园科大道 35 号，开户行及账号：工行南宁园科支行，账号：22022567898。

阳阳面粉厂，地址：宾阳县黎塘镇同兴路 5 号，开户行及账号：交行宾阳县城建分行 56005621034。

表 2-18　　　　　中国工商银行信汇凭证（回单）1

汇款人	全称				收款人	全称				此联是汇出银行给汇款人的回单
	账号					账号				
	汇出地点		省	市/县		汇入地点		省	市/县	
汇出行名称					汇入行名称					
人民币（大写）						千 百 十 万 千 百 十 元 角 分				
汇出银行签章					附加信息及用途					

11. 10月30日，收到城南百货超市的转账支票一张，是归还前欠货款5 350元，已存银行。转账支票正联。见表2-19。

要求：出纳卢丽填制银行进账单，见表2-20。

备注：城南百货超市，开户银行及账号：交行南宁市葛东路支行55004321911。

南方食品厂，地址：南宁市园科大道35号，开户行及账号：工行南宁园科支行22022567898。

表 2-19

 中国工商银行　　**转账支票**　　Ⅸ 22 123456708

出票日期（大写）贰零壹玖年零壹拾月叁拾日　　付款行名称：交行南宁市葛东路支行
收款人：南方食品厂　　　　　　　　　　　　出票人账号：55004321911

人民币（大写） 伍仟叁佰伍拾元整	千	百	十	万	千	百	十	元	角	分
				¥	5	3	5	0	0	0

用途：还款
上列款项请从
我账户内支付
出票人签章

科目（借）_____　　支付密码
对方科目（贷）_____
转账日期　　年　月　日
出纳　　复核　　记账

实训项目二　填制与审核原始凭证

表 2-20　　　　　　　　　中国工商银行进账单（回单）
　　　　　　　　　　　　　　　年　月　日　　　　　　第　号

付款人	全　称		收款人	全　称	
	账　号			账　号	
	开户银行			开户银行	
人民币（大写）			千 百 十 万 千 百 十 元 角 分		
票据种类					
票据张数					

此联是收款人开户行交收款人的回单或收款通知

12. 10月30日，销售给兴桂工贸公司薄饼1 000公斤，单位成本12元，每公斤售价16元，货款16 000元，增值税2 080元；鸡蛋饼800公斤，单位成本15元，每公斤售价20元，货款16 000元，增值税2 080元，款项尚未收到。

要求：业务员杨智填制商品出库单，见表2-21，会计姚姚填制增值税专用发票，见表2-22。

表 2-21　　　　　　　　　商　品　出　库　单（财务联）
购货单位：　　　　　　　　　年　月　日　　　　　　　　第　号

品　名	计量单位	数量	单价	金　额									用途或原因
				十	万	千	百	十	元	角	分		

仓库负责人　　　　　记账　　　　　仓库保管员　　　　　制单

备注：兴桂工贸公司，纳税人识别号：4503002589515，地址：桂林市支江路110号，开户银行及账号：建行桂林支江路支行80800075432。

南方食品厂，纳税人识别号：4500025832189，地址：南宁市园科大道35号，开户行及账号：工行南宁园科支行22022567898。

表 2-22

45000911705　　　　　　　　　　　　　No 003097057

开票日期：　　年　月　日

购货单位	名　　　称：					密码区				第四联 记账联 销货方记账凭证
	纳税人识别号：									
	地　址、电话：									
	开户行及账号：									
货物或应税劳务名称		规格型号	单位	数量	单价		金额	税率	税额	
合　　　计										
价税合计（大写）　　拾　万　仟　佰　拾　圆　角　分						（小写）				
销货单位	名　　　称：					备注				
	纳税人识别号：									
	地　址、电话：									
	开户行及账号：									

收款人：　　　　　复核：　　　　开票人：　　　　　　　　销货单位（章）

13. 10月31日开出转账支票，支付本月车间使用的电话费1 350元。电信部门电话费单据见表2-23。

要求：出纳填制转账支票，见表2-24。

表 2-23　　　　　　　　　　

缴费时间：2019年10月30日　　　　电话号码：5888999　　第　　号

其中	客户名称：南方食品厂		缴费合同号：	
			月份	金额
	市内电话费			1 205.00
	长途直拨电话			145.00
	电　报　费			
	补　　欠			
	其　　他			
	滞 纳 金			
	信息台信息费			
	合　　　计			￥1 350.00

记账：　　　　　　　　复核：　　　　　　收款员：朱妮

备注：南方食品厂，地址：南宁市园科大道 35 号，开户行：工行南宁园科支行，账号：22022567898。

表 2-24

中国工商银行 转账支票存根 Ⅸ Ⅱ 012320158	中国工商银行　转账支票　Ⅸ Ⅱ 012320158
科　　目＿＿＿＿＿ 对方科目＿＿＿＿＿ 出票日期　年　月　日 收款人： 金　　额： 用　　途： 单位主管　　会计	出票日期（大写）　　年　月　日　　付款行名称： 收款人：　　　　　　　　　　　　出票人账号： 人民币 （大写）　　　　　　　　　　　千百十万千百十元角分 用途＿＿＿＿＿　　　　　科目（借）＿＿＿　支付密码 上列款项请从　　　　　　对方科目（贷）＿＿＿ 我账户内支付　　　　　　转账日期　　　年　月　日 出票人签章　　　　　　　出纳　　复核　　记账

六、审核原始凭证

（一）原始凭证的审核内容

1. 审核原始凭证的真实性

包括日期、业务内容、数据等是否真实，从外单位取得的原始凭证，必须盖有填制单位的公章；自制的原始凭证，必须有经办部门和经办人的签名或者盖章。还要审核凭证本身的真实性，以防假冒。

2. 审核原始凭证的合法性

经济业务是否符合国家有关政策、法规、制度的规定，是否有违法乱纪等行为。

3. 审核原始凭证的合理性

原始凭证所记录的经济业务是否符合会计主体经济活动的需要、是否符合有关的计划和预算等。

4. 审核原始凭证的完整性

原始凭证的内容是否齐全，包括有无漏记项目、日期是否完整、数字是否清晰、文字是否工整、有关签章是否齐全、凭证联次是否正确。

5. 审核原始凭证的正确性

各项金额的计算及填写是否正确，如阿拉伯数字不得连笔写、大小写金额相符等，有无刮擦、涂改和挖补等。

6. 审核原始凭证的及时性

审查填制日期，尤其是支票、银行汇票、银行本票等时效性较强的原始凭证，更应仔细验证其签发日期。

（二）审核原始凭证的资料

根据审核原始凭证的要求，指出以下原始凭证存在的错误或不完整等问题，提出修改意见和方法。

1. 2019年10月8日，采购员秦操出差厦门市参加商品展销会，需借款3 000元，填写借款单并经部门主管批准，交会计主管审核，向出纳提取现金。

要求：会计主管审核借款单，见表2-25。

表2-25　　　　　　　　　　　借　款　单

借款理由：		
借款数额（大写）<u>叁仟元整</u>　　　　　　￥3 000.00　　　　　　　　　　　　　　　　　借款人签章：　　　　　2019年10月8日		
单位领导意见：	部门负责人意见： 同意 　　　　　　　　莫念	会计主管人员意见：

审核情况：

2. 2019年10月10日，出纳卢丽开出现金支票一张（表2-26），交会计主管审核，准备向银行提取现金1 000元备用。

要求：会计主管审核现金支票。

实训项目二　填制与审核原始凭证

表 2-26

中国工商银行 现金支票存根 Ⅸ Ⅱ 02500074	中国工商银行　现金支票　Ⅸ Ⅱ 02500074
科　目 _____ 对方科目 _____ 出票日期 2019 年 10 月 10 日 收款人：卢丽 金　额：¥1 000.00 用　途： 单位主管　　会计	出票日期(大写)贰零壹玖年零壹拾月零壹拾日　付款行名称：工行南宁园科支行 收款人：　　　　　　　　　　　　出票人账号：22022567898 人民币(大写)　壹仟元整　　　　　¥1 000 00 用途： 上列款项请从我账户内支付 出票人签章 科目(借) _____ 对方科目(贷) _____ 付讫日期　　　年　　月　　日 出纳　　复核　　记账 贴对号单处　Ⅱ 02500074

审核情况：

3. 2019 年 10 月 15 日，销售给汇通商贸公司薄脆饼 1 200 公斤，单位成本 12 元，每公斤售价 16 元，增值税 2 496 元；蛋香饼 1 500 公斤，单位成本 15 元，每公斤售价 20 元，增值税销项税 3 900 元，会计姚姚填制增值税专用发票，见表 2-27，交会计主管审核。

备注：汇通商贸公司，纳税人识别号：4501037531593，地址：南宁市邕宁区向东路 3 号，开户行及账号：农行邕宁彩虹支行 32100123268。

南方食品厂，纳税人识别号：4500025832189，地址：南宁市园科大道 35 号，开户行及账号：工行南宁园科支行 22022567898。

表 2-27

45000910019

No 003097009
开票日期：2019 年 10 月 15 日

购货单位	名　　　称：	汇通商贸公司				密码区			
	纳税人识别号：	4501037531593							
	地　址、电话：	南宁市邕宁区向东路 3 号							
	开户行及账号：	农行邕宁彩虹支行 32100123268							
货物或应税劳务名称		规格型号	单位	数量	单价	金　　额	税率	税　　额	
*饼干*薄脆饼			公斤	1 200	16.00	19 200.00	13%	2 496.00	
*饼干*蛋香饼			公斤	1 500	20.00	30 000.00	13%	3 900.00	
合　　计						¥49 200.00		¥6 396.00	
价税合计（大写）⊗伍万伍仟伍佰玖拾陆元整						（小写）¥55 596.00			
销货单位	名　　　称：	南方食品厂				备注			
	纳税人识别号：	4500025832189							
	地　址、电话：	南宁市园科大道 35 号							
	开户行及账号：	工行南宁园科支行 22022567898							

收款人：　　　　　复核：　　　　　开票人：卢丽　　　　　销货单位（章）：

审核情况：

实训项目三

填制与审核记账凭证

一、实训目的

通过训练使学生了解制造业不同类型的经济业务，熟悉其经济业务的原始凭证，明确记账凭证应具备的基本内容，理解复式记账法原理，运用借贷记账法编制记账凭证，掌握各种类型经济业务的会计处理，掌握根据原始凭证填制和审核记账凭证的基本操作技能。

二、记账凭证的基本内容

借贷记账法是以"借"、"贷"为记账符号，以"有借必有贷，借贷必相等"为记账规则，反映企业经济业务增减变化情况的复式记账方法。以会计恒等式"资产＝负债＋所有者权益"为理论基础。

按记账规则要求，对每项经济业务列示出应记入账户的名称、借贷方向和增减金额的一种记录形式，称为会计分录。而记账凭证的主要作用是对原始凭证进行分类、整理，按照借贷记账法的要求，运用会计科目，编制会计分录，作为登记账簿依据。所以记账凭证必须具备的基本内容如下：

（1）记账凭证的名称；
（2）记账凭证的日期；
（3）记账凭证的编号；

（4）经济业务的内容摘要；
（5）会计科目及借贷方向和金额；
（6）经济业务事项的金额；
（7）记账标记"√"；
（8）所附原始凭证的张数；
（9）有关人员签章、收款凭证和付款凭证还应由出纳人员签名盖章。

三、填制记账凭证

（一）记账凭证的填制要求

记账凭证是由会计人员根据原始凭证或汇总原始凭证，编制会计分录，并据以登记会计账簿的凭证。按记账凭证的用途分为专用记账凭证（收款凭证、付款凭证、转账凭证）和通用记账凭证及记账凭证科目汇总表。

填制记账凭证应符合《会计法》和《会计基础工作规范》的规定。

1. 填制记账凭证必须有依据

填制记账凭证必须以审核无误的原始凭证为依据，会计人员可以根据每一张原始凭证填制，或根据若干张同类原始凭证填制，也可以根据原始凭证汇总表填制记账凭证，但不得将不同内容和类别的原始凭证汇总填制在一张记账凭证上。

2. 日期必须及时

通用记账凭证一般以经济业务发生或完成的日期填写；付款凭证一般以财会部门付出现金或开出银行付款结算凭证的日期填写；现金收款凭证应填写收款当日的日期；月末计提、分配费用、成本计算、转账等业务应填写当月最后一天的日期。

3. 编号必须连续

采用通用记账凭证，一般企业可按月编顺序号，每月应按经济业务顺序从 1 号开始，统一编号。

采用专用记账凭证的单位，应采用"字号编号法"，即把不同类型的记账凭证，用"字"加以区别，再把同类记账凭证顺序编号，加以连续。采用"字号编号法"时，"字"有两种编法，一种分收款、付款和转账三类，另一种分现收、银收、现付、银付及转账五类。"号"的编法有两种，即当一笔或几笔经济业务编一张记账凭证时，用整数编号法顺序编写，而当一笔经济业务需要填制两张以上的记账凭证时，记账凭证的编号可以采用分数编号法顺序编写。

4. 摘要必须简明扼要

记账凭证的摘要栏要用简明扼要的语言概括经济业务的主要内容。

5. 会计科目必须正确运用

必须按照会计制度统一规定的会计科目，根据经济业务的性质，编制会计分录，以保证核算的口径一致，便于综合汇总。填写会计科目时，应当填写会计科目的全称、一级科目、二级科目或明细科目，使账户的对应关系清楚。

6. 金额必须正确无误，不得更改

记账凭证的金额必须与原始凭证金额相符，填写金额合计时，应在金额最高位数字前填写人民币"￥"，阿拉伯数字书写要规范。

7. 记账标记"√"

是指该凭证上某笔数据已登记账簿的标记，记账后随即在记账凭证的标记处打"√"。

8. 记账凭证附件必须注明原始凭证的张数

记账凭证所附的原始凭证张数，一般以原始凭证的自然张数为准。如附有原始凭证汇总表，则应该把所附原始凭证和原始凭证汇总表的张数一起计入附件的张数之内。但报销差旅费等零散票券，可粘贴在一张原始凭证贴签上作为一张原始凭证。

如果同一张原始凭证涉及数张记账凭证，可以把原始凭证附在一张主要的记账凭证后面，并在未附原始凭证的记账凭证上注明"附件××张，见第××号记账凭证"。如果原始凭证需要另行保管时，则应在附件栏目内加以注明，但更正错账和结账的记账凭证可以不附原始凭证。

9. 填制记账凭证若发生错误，应当重新填制

已登记入账的记账凭证在当年内发现填写错误，可以用红字填写一张与原内容相同的记账凭证，在摘要栏注明"注销某月某日某号凭证"字样，同时再用蓝字重新填制一张正确的记账凭证，在摘要栏注明"订正某月某日某号凭证"字样。

如果会计科目没有错误，只是金额错误，也可将正确数字与错误数字之间的差额另编一张调整的记账凭证，调增金额用蓝字，调减金额用红字。

发现以前年度记账凭证有误的，应当用蓝字填制一张更正的记账凭证。

10. 记账凭证的内容必须填写完整

记账凭证中各项内容必须填写完整，相关人员在完成了各自的职责以后均应签章。

填制经济业务事项完毕后，如有空行，应当从金额栏的最后一笔金额数字下的空行处至合计数字上的空行右上左下划一条注销线，以堵塞漏洞，严密会计核算手续。

（二）专用记账凭证的填制方法

1. 收款凭证的填制方法

收款凭证是用来记录货币资金收款业务的记账凭证，它是由出纳人员根据审核无误的原始凭证收款后填制的。

在借贷记账法下的填制方法：

（1）收款凭证左上方所填列的借方科目，应是"库存现金"或"银行存款"科目；

（2）收款凭证内的贷方科目，应填列与"库存现金"或"银行存款"相对应的科目（包括一级科目和二级科目或明细科目）。

例3-1：威通公司2019年1月1日，为了生产周转需要，向银行借入为期6个月的临时借款80 000元，款已入银行。已取得工商银行借款借据（收账通知）。

中国工商银行借款借据（收账通知）

2019 年 1 月 1 日

借款人	威通公司	月利率‰	6‰	放款账号	22024567808								
				结算账号									
人民币（大写）	捌万元整					千	百	十	万	千	百	十	元	角	分
								¥	8	0	0	0	0	0	0
借款用途	生产用临时借款	约定偿还日期：2019 年 7 月 1 日											

上列款项已核准发放，并已转入账户。
　　　　　　　此致
银行签章　　　（盖章有效）

（盖章：中国工商银行南宁园科支行 核算用章（08） 2019 年 1 月 1 日）

收 款 凭 证

借方科目：银行存款　　　　　2019 年 1 月 1 日　　　　　收字第 1 号

摘　要	贷方科目		√	金　额							
	总账科目	明细科目		百	十	万	千	百	十	元	角	分
短期贷款	短期借款					8	0	0	0	0	0	0
附凭证 1 张	合　　　　计			¥		8	0	0	0	0	0	0

会计主管：陈晓　　　记账：　　　稽核：孙明　　　出纳：黄岩　　　制单：张丹

2. 付款凭证的填制方法

付款凭证是用来记录货币资金付款业务的记账凭证，它是由出纳人员根据审核无误的原始凭证，在付款后填制的。

借贷记账法下付款凭证的填制方法：

（1）付款凭证左上方所填列的贷方科目，应是"库存现金"或"银行存款"科目；

（2）付款凭证内的借方科目，应填列与"库存现金"或"银行存款"相对应的科目（包括一级科目和二级科目或明细科目）；

实训项目三 填制与审核记账凭证

例3-2：威通公司2019年1月3日，用现金200元购买公司办公室用的笔和笔记本。取得销售统一发票。

4501091922

No 00208336

开票日期：2019年1月3日

购货单位	名　　称：	南方食品厂		密码区			
	纳税人识别号：	4500025832189					
	地　址、电话：	南宁市园科大道35号					
	开户行及账号：	工行南宁园科支行 22022567898					
货物或应税劳务名称	规格型号	单位	数量	单价	金　额	税率	税　额
*笔*水性笔		支	10	58.25	19.42	3%	0.58
*纸制品*笔记本		本	30	5.83	174.76	3%	5.24
合　计					￥194.18		￥5.82
价税合计（大写）⊗贰佰元整					（小写）￥200.00		
销货单位	名　　称：	城南百货超市		备注			
	纳税人识别号：	4500009760677					
	地　址、电话：	南宁市枫林路57号					
	开户行及账号：	建行南宁枫林支行 223298599976					

收款人： 复核：林立 开票人：黄芳 销货单位（章）

付　款　凭　证

贷方科目：库存现金　　　　2019年1月3日　　　　　　　　付字第1号

摘　要	借　方　科　目		√	金　　额							
	总账科目	明细科目		十	万	千	百	十	元	角	分
购买办公用品	管理费用	办公费					2	0	0	0	0
附凭证 1 张	合　　计			￥			2	0	0	0	0

会计主管：陈晓　　记账：　　稽核：孙明　　出纳：黄岩　　制单：张丹

注意：涉及"库存现金"和"银行存款"之间的经济业务（即将现金存入银行或从银行提取现金时），一般只需填制付款凭证，不再填写收款凭证，以强化对付款业务的管理。

例 3-3：威通公司 2019 年 1 月 5 日从银行领取现金 2 000 元备用。现金支票存根如下：

```
          中国工商银行
          现金支票存根
       Ⅸ Ⅱ 01202011
   科  目_____
   对方科目_____
   出票日期 2019 年 1 月 5 日
   收款人：威通公司
   金  额：￥2 000.00
   用  途：备用金
   单位主管：        会计：
```

付 款 凭 证

贷方科目：银行存款　　　　　　　　2019 年 1 月 5 日　　　　　　　　付字第 2 号

| 摘 要 | 借方科目 | | √ | 金 额 |
	总账科目	明细科目		十万千百十元角分
领取现金备用	库存现金			2 0 0 0 0 0
附凭证 1 张	合　　　　计			￥ 2 0 0 0 0 0

会计主管：陈晓　　　记账：　　　稽核：孙明　　　出纳：黄岩　　　　　　　制单：张丹

3. 转账凭证的填制方法

转账凭证是用来记录与货币资金收付无关的转账业务的记账凭证，如原材料的领用、成本的结转等，它是由会计人员根据审核无误的转账业务原始凭证填制的。

在借贷记账法下填制方法：

将经济业务所涉及的会计科目全部填列在凭证内，借方科目在先，贷方科目在后，将各会计科目（包括一级科目和二级科目或明细科目）所记应借、应贷的金额填列在"借方金额"或"贷方金额"栏内。借、贷的金额合计数应该相等。即符合"有借必有

实训项目三　填制与审核记账凭证

贷，借贷必相等"的记账规则。

例 3-4：威通公司 2019 年 1 月 8 日，生产车间填写领料单，领用 A 材料 8 000 公斤，每公斤 5 元，用于生产甲产品。

领　料　单

领料单位：生产车间　　　　　　2019 年 1 月 8 日　　　　　　领料 字 01 号

材料编号	材料名称	规格	单位	请领数量	实发数量	金　额	
						单价	总价
01	A 材料		公斤	8 000	8 000	5.00	40 000.00
	合　　计						￥40 000.00
用途	生产甲产品		领料部门：生产车间　赵旺		发料部门：材料仓库　田晴		

转　账　凭　证

　　　　　　　　　　　　　　2019 年 1 月 8 日　　　　　　　　　转字 第 1 号

摘　要	总账科目	明细科目	√	借 方 金 额									贷 方 金 额								
				十	万	千	百	十	元	角	分	十	万	千	百	十	元	角	分
生产领料	生产成本	甲产品			4	0	0	0	0	0	0								
	原材料	A 材料											4	0	0	0	0	0	0
附凭证 1 张	合　　计			￥	4	0	0	0	0	0	0	￥	4	0	0	0	0	0	0

会计主管：陈晓　　　　记账：　　　　稽核：孙明　　　　　　制单：张丹

（三）通用记账凭证的填制方法

通用记账凭证是指各类经济业务事项（包括现金、银行存款等货币资金收付业务）共同使用的记账凭证，也称标准凭证，它是由会计人员根据审核无误的各类经济业务原始凭证填制的。在借贷记账法下，通用记账凭证的填制方法与转账凭证填制方法相同。

例 3-5：延用例 3-1，威通公司 2019 年 1 月 1 日，为了生产周转需要，向银行借入为期6个月的临时借款80 000元,款已入银行。填制通用记账凭证如下。

记 账 凭 证

2019年1月1日　　　　　　　　　　　　　　　　　　记字 第 1 号

摘　　要	总账科目	明细科目	√	借方金额 十万千百十元角分	贷方金额 十万千百十元角分
向银行贷款	银行存款			8 0 0 0 0 0 0	
	短期借款				8 0 0 0 0 0 0
附凭证 1 张	合　　计			¥ 8 0 0 0 0 0 0	¥ 8 0 0 0 0 0 0

会计主管：陈晓　　　　记账：　　　　稽核：孙明　　　　　　　制单：张丹

（四）科目汇总表的填制方法

科目汇总表（即记账凭证汇总表）是根据一定时期内的全部记账凭证按总账科目进行汇总，据以计算出每一总账科目的本期借方发生额和贷方发生额，作为总分类账登记依据的凭证。

其填制方法如下：

（1）科目汇总表的日期除按日汇总外，应填写期间日期，编号一般按月填写顺序号。如"汇字1号"。

（2）定期将一定会计期间内的全部记账凭证，按所涉及的会计科目填写在科目汇总表的"会计科目"栏。

（3）通过"T"字形账户，按相同的会计科目归类，逐笔登记各账户的借方和贷方，分别汇总计算每一会计科目的本期借方发生额合计和本期贷方发生额合计，填入表内与各科目相应的"借方"、"贷方"栏。

（4）汇总计算出所有科目的借方发生额合计和贷方发生额合计，进行试算平衡，平衡无误后，即可作为登记总分类账的依据。

注：为了便于登记总分类账，科目汇总表上的会计科目排列顺序应与总分类账的科目顺序大体一致。

四、审核记账凭证

记账凭证是登记账簿的直接依据。只有经审核无误的记账凭证，才能作为登记账簿的依据。会计人员应根据国家政策、法令、规章制度和计划、预算的有关规定，以及本单位的经营情况等予以审核。审核的主要内容有：

1. 内容是否真实。审核记账凭证是否附有原始凭证，原始凭证是否齐全，内容是否合法，记账凭证所记录的经济业务与所附原始凭证反映的经济业务是否相符。

2. 项目是否齐全。日期、摘要、凭证字号、二级科目和明细会计科目、附件张数以及有关人员签章等是否齐全。

3. 科目是否正确。记账凭证应借、应贷的科目是否正确，账户对应关系是否清晰，所使用的会计科目及其核算内容是否符合会计制度的规定。

4. 金额是否准确。记账凭证与原始凭证的有关金额是否一致，计算是否准确，记账凭证汇总表的金额与记账凭证的金额是否相符等。

5. 书写是否正确。文字、数字是否工整、清晰，是否按规定进行更正等。

注意：出纳人员在办理收款或付款后，应在凭证上加盖"收讫"或"付讫"的戳记，以免重收重付。

五、会计凭证的装订与保管

（一）会计凭证的装订

会计凭证是记账的依据，是重要的经济档案和历史资料，必须妥善整理、装订和保管。

1. 会计凭证的整理。主要对记账凭证和所附的原始凭证，定期（每日、每旬或每月）进行分类整理。会计凭证的整理按照记账凭证的大小进行折叠或粘贴。对大于记账凭证的原始凭证采用折叠法，将原始凭证按照记账凭证面积大小，自右向左折叠，再自下向上折叠，但要注意将凭证的左上角或左侧面空出，使其装订后便于展开查阅；而对小于记账凭证的原始凭证采用粘贴法，将某笔经济业务的小原始凭证粘贴在"原始凭证贴签"上，并注明原始凭证的张数和合计金额。

会计凭证排序：记账凭证汇总表放在所汇总的记账凭证上面，各种记账凭证按照顺序号排放，每笔经济业务的原始凭证应附在记账凭证后面，左上角对齐。

2. 会计凭证定期装订成册，防止散失。会计凭证装订是将整理完毕的会计凭证加具封面、封底，装订成册，并在装订线上加贴封签等工作。会计凭证装订一般采用"角订法"，用包角纸装订。"包角纸"各为8cm的正方形，将包角纸对折为四块，剪掉右下角的小块，左上角小块正方形中由左下角至右上角画对角线，并与会计凭证的左上角对齐，然后用两点将对角线均分，在两点处将包角纸和会计凭证一起打两个装订孔，穿入装订线绕两圈在封底打结，最后将包角纸左下角和右上角两小块反折到会计凭证封底，粘在打好的结上，把结压在里面。

3. 会计凭证封面的填写。会计凭证封面应注明单位名称、凭证种类、凭证张数起止号数、年度、月份、会计主管人员、装订人员等有关事项，会计主管和保管人员应在封面上签章。

4. 会计凭证应加贴封条，防止抽换凭证。原始凭证不得外借，其他单位如有特殊原因确实需要使用时，经本单位领导同意后可以复制。但应在专设的登记簿上登记，并由提供人员和收取人员共同签名、盖章。

5. 原始凭证较多时，可单独装订，但应在凭证封面注明所属记账凭证的日期、编号和种类，同时在原始凭证上注明"附件另订"及"原始凭证的名称和编号"，以便查阅。

（二）会计档案保管

会计凭证保管期限。每年装订成册的会计凭证，在年度终了时可暂由单位会计机构保管一年，期满后移交本单位行政的档案机构（或指定专人）统一保管。

2016 年 1 月 1 日起施行的《会计档案管理办法》规定：原始凭证、记账凭证和汇总凭证保管 30 年，银行存款余额调节表保管 10 年。保管期满的会计凭证可按规定程序销毁。

六、实训资料与练习

（一）实训要求

1. 审核会计主体：南方食品厂 1 月份发生经济业务；
2. 填写并计算南方食品厂 1 月份有关费用分配表、成本费用计算表等原始凭证；
3. 按专用记账凭证的填制方法，填制收款、付款、转账凭证并审核记账凭证。
4. 有关明细科目：

按户名或姓名设置明细科目：应收账款、应付账款、其他应收款；

按品名设置明细科目：在途物资、原材料、库存商品、主营业务收入、主营业务成本；

按固定资产设置明细科目：房屋建筑物、生产设备、办公设备；

按应交税费设置明细科目：应交增值税、应交城市维护建设税、应交教育费附加、应交所得税；

按利润分配设置明细科目：提取盈余公积、应付利润、未分配利润；

按管理费用设置明细科目：工资费、折旧费、修理费、水电费、办公费、其他费；

按销售费用设置明细科目：工资费、折旧费、水电费、广告费；

按制造费用设置明细科目：工资费、折旧费、水电费、维修费、其他费；

5. 按旬汇总（即 1—11 题、12—24 题、25—37 题三次汇总），编制科目汇总表。
6. 按会计凭证整理和装订要求，将会计凭证装订成册，形成实训作品。

（二）准备资料

收款凭证 10 张，付款凭证 20 张，转账凭证 30 张，记账凭证汇总表（科目汇总表）6 张。

(三) 实训企业经济业务

南方食品厂 1 月份发生的经济业务：

(1) 2 日，收到诚达股份有限公司投入的资本 200 000 元，存入银行（有关单据见表 3-1、表 3-2）。

(2) 3 日，接受远大有限责任公司以价值 80 000 元的设备投资，该设备已验收交付使用（有关单据见表 3-3、表 3-4）。

(3) 5 日，向银行取得为期 6 个月的临时借款 100 000 元，已存入银行（有关单据见表 3-5）。

(4) 6 日，原借入的 90 000 元短期借款到期，以银行存款偿还（有关单据见表 3-6）。

(5) 6 日，从祥扬食品公司购入鸡蛋 2 000 公斤，单价 10 元，货款 20 000 元，增值税进项税额 2 600 元；购入白糖 5 000 公斤，单价 8 元，货款 40 000 元，增值税进项税额 5 200 元；购入食用添加剂 300 盒，单价 10 元，货款 3 000 元，增值税进项税额 390 元。原料未运到，款项以银行存款支付（有关单据见表 3-7、表 3-8、表 3-9）。

(6) 7 日，仓库验收 1 月 6 日向祥扬食品公司购入的鸡蛋 2 000 公斤，单价 10 元，白糖 5 000 公斤，单价 8 元，食用添加剂 300 盒，单价 10 元，三种原料入库（有关单据见表 3-10）。

(7) 7 日，向欣欣贸易公司购入花生油 5 000 公斤，每公斤 20 元，货款 100 000 元，增值税进项税额 13 000 元，款项以银行存款支付。花生油验收入库（有关单据见表 3-11、表 3-12、表 3-13、表 3-14）。

(8) 7 日，从银行提取现金 4 000 元备用。（有关单据见表 3-15）。

(9) 8 日，办公室肖建出差梧州参加会议，借款 2 500 元，经审核无误后以现金支付（有关单据见表 3-16）。

(10) 9 日，以银行存款预付给阳阳面粉厂货款 113 000 元，并偿还前欠货款 23 000 元（有关单据见表 3-17）。

(11) 10 日，向阳阳面粉厂购进的面粉 25 000 公斤，单价 4 元，货款 100 000 元，增值税进项税额 13 000 元，货款和税金 113 000 元已预付，运费 1 000 元已垫付（对方承担），面粉验收入库（有关单据见表 3-18、表 3-19、表 3-20、表 3-21）。

(12) 10 日，本月生产产品领用材料（有关单据见表 3-22、表 3-23、表 3-24）。

(13) 12 日，用现金购买水性笔和笔记本等办公用品 500 元，交给厂部办公室使用（有关单据见表 3-25）。

(14) 12 日，以银行存款支付本月电话费 1 300 元，其中车间的电话费 500 元，行政部门的电话费 800 元（有关单据见表 3-26、表 3-27、表 3-28）。

(15) 13 日，以银行存款支付电费 15 000 元，支付水费 6 000 元（有关单据见表 3-29、表 3-30、表 3-31、表 3-32、表 3-33）。电费分配按电表计算，其中生产车间耗用 13 000 元，行政部门耗用 1 000 元，销售部门耗用 1 000 元；水费分配按水表计算，其中生产车间耗用 4 500 元，行政部门耗用 1 500 元。

（16）14 日，按实发工资和奖金合计 99 900 元，从银行提取现金，准备发放工资与奖金（有关单据见表 3-34）。

（17）14 日，以现金 99 900 元发放工资和奖金（有关单据见表 3-35、表 3-36）。

（18）16 日，肖建出差回来报销差旅费 2 350 元，退回多余现金 150 元（有关单据见表 3-37、表 3-38）。

（19）19 日，以银行存款支付柴油款 19 180 元，已交付生产车间使用（有关单据见表 3-39、表 3-40）。

（20）21 日，收到兴桂工贸公司偿还前欠货款 78 000 元，存入银行（有关单据见表 3-41）。

（21）23 日，销售给汇通商贸公司薄脆饼 2 000 公斤，每公斤售价 15 元，货款 30 000 元，增值税销项税额 3 900 元；蛋香饼 3 000 公斤，每公斤售价 20 元，货款 60 000 元，增值税销项税额 7 800 元。货已发出，款项尚未收到（有关单据见表3-42）。

（22）24 日，销售给兴桂工贸公司薄脆饼 10 000 公斤，每公斤售价 15 元，货款 150 000 元，增值税销项税额 19 500 元，货已发出，办妥托收手续，款项尚未收到（有关单据见表 3-43、表 3-44）。

（23）25 日，以银行存款支付广告费 10 900 元（有关单据见表 3-45、表 3-46）。

（24）27 日，销售给城南百货超市蛋香饼 8 500 公斤，每公斤售价 20 元，货款 170 000 元，增值税销项税额 22 100 元，蛋香饼已发出，货款存入银行（有关单据见表 3-47、表 3-48）。

（25）28 日，收到 24 日销售给兴桂工贸公司商品的货款 169 500 元，存入银行（有关单据见表 3-49）。

（26）31 日，本月计算并结转固定资产分类折旧，生产车间房屋、机器折旧费 8 600 元，行政部门固定资产折旧费 1 200 元（有关单据见表 3-50）。

（27）31 日，以银行存款支付车间固定资产修理费用 21 153.60 元（有关单据见表 3-51、表 3-52、表 3-53）。

（28）31 日，分配本月应发工资 86 200 元和奖金 13 700 元（有关单据见表 3-54）。

①分配本月工资 86 200 元。其中生产薄脆饼工人工资 12 000 元，生产蛋香饼工人工资 18 000 元，车间人员工资 19 200 元，行政人员工资 23 200 元，销售人员工资 13 800 元。

②分配奖金 13 700 元。其中生产薄脆饼工人奖金 4 000 元，生产蛋香饼工人奖金 6 000 元，车间人员奖金 1 300 元，行政人员奖金 800 元，销售人员奖金1 600 元。

（29）31 日，将本月"制造费用"按生产工人的工资为标准分配和结转到生产成本账户（有关单据见表 3-55）。

提示：登记制造费用明细账户计算制造费用总额，按生产工人的工资（其中生产薄脆饼人工 12 000 元，生产蛋香饼人工 18 000 元）为标准分配制造费用，并结转到生

实训项目三 填制与审核记账凭证

产成本账户。

(30) 31日,本月投产薄脆饼20 000公斤,蛋香饼15 000公斤,全部完工,计算和结转本月完工产品生产成本(有关单据见表3-56、表3-57)。

提示:登记生产成本明细账户,计算薄脆饼、蛋香饼的生产总成本和单位成本。

(31) 31日,计算和结转本月已销薄脆饼、蛋香饼的销售成本(有关单据见表3-58、表3-59、表3-60、表3-61)。

(32) 31日,本月1日借入短期借款150 000元,月利息率6‰,计算本月应付银行借款利息(有关单据见表3-62)。

(33) 31日,计算和结转城市维护建设税和教育费附加(按本月应交增值税额的7%计提应交城市维护建设税,按3%计提教育费附加)(有关单据见表3-63)。

(34) 31日,收到汇通商贸公司违约金3 500元,存入银行,经批准作营业外收入处理。有关单据(见表3-64、表3-65)

(35) 31日,将各收入类和支出类账户分别结转到"本年利润"账户(有关单据见表3-66)。

(36) 31日,按本月应纳税所得额即利润总额的25%计算并结转应交所得税(有关单据见表3-67)。

(37) 31日,以银行存款缴纳上月应交税费。其中:应交增值税22 270元,应交城建税1 558.90元,应交教育费附加668.10元,应交所得税19 305.75元(有关单据见表3-68、表3-69、表3-70)。

(四) 实训企业经济业务的原始凭证

南方食品厂1月份发生经济业务的原始凭证如下:

1. 接受诚达股份有限公司投入货币资金。

表3-1　　　　　　　中国工商银行进账单(回单)1

2019年1月2日

付款人	全称	诚达股份有限公司	收款人	全称	南方食品厂
	账号	10708056887		账号	22022567898
	开户银行	建行南宁竹溪分行		开户银行	工行南宁园科支行

人民币(大写)	贰拾万元整	千	百	十	万	千	百	十	元	角	分
				¥	2	0	0	0	0	0	0	0

票据种类	转账支票
票据张数	1
单位主管　　　会计　　　复核　　　记账	

(中国工商银行南宁园科支行 核算用章(08))

此联是收款人开户行交收款人的回单或收款通知

表 3-2

收 款 收 据

2019 年 1 月 2 日

收到 诚达股份有限公司			
人民币（大写）：贰拾万元整	￥200 000.00		
事由：接受货币资金投资	转账支票		
	支票 第 00987 号		
收款单位：南方食品厂	财务主管 韦敏	收款人	卢丽

（二 记账联）

2. 接受远大有限责任公司以设备投资。

表 3-3

固定资产联营转移单

投出单位：远大有限责任公司
接受单位：南方食品厂　　　　　　　2019 年 1 月 3 日　　　　　　　转移单号：006

转移原因	联营投资				评估价值	80 000 元		
名称	型号	单位	数量	预计使用年限	已使用年限	原值	已提折旧	净值
面粉搅拌机		台	1	15		80 000.0		
投出单位	远大有限责任公司				接受单位			
财务科长	章克				财务科长	南方食品厂		
设备科长	彭毅				设备科长	韦敏		

表 3-4

验 资 报 告

投资者	实际投入资本额			投资方式	实际投资所占比例	
	人民币	汇率	元		占应投资比例	占注册资本比例
远大有限责任公司	80 000			固定资产		

验证结果：
　　经检查验证远大有限责任公司所投固定资产 80 000 元到位。

中国注册会计师：周明清
助　理　人　员：徐　玲
南宁市正信会计师事务所
2019 年 1 月 3 日

实训项目三　填制与审核记账凭证

3. 向银行取得为期 6 个月的临时借款。

表 3-5　　　　　　　　　　中国工商银行借款借据（收账通知）

2019 年 1 月 5 日

借款人	南方食品厂	月利率‰	6‰	放款账号	00458080785
				结算账号	22022567898

人民币（大写）	壹拾万元整	千	百	十	万	千	百	十	元	角	分
					¥1	0	0	0	0	0	0

借款用途	生产用临时借款	约定偿还日期：2019 年 7 月 5 日

上列款项已核准发放，并已转入账户

此致

银行签章

（盖章有效）
2019 年 1 月 5 日

4. 归还短期借款。

表 3-6　　　　　　　　　　中国工商银行偿还贷款凭证（第一联）

2019 年 1 月 6 日

借款单位	南方食品厂	贷款账户	00458080785	结算账户	22022567898

人民币（大写）	玖万元整	千	百	十	万	千	百	十	元	角	分
					¥9	0	0	0	0	0	0

贷款种类	短期借款	借出日期	2018 年 8 月 5 日	原约定还款日期	2019 年 1 月 5 日

上列款项已由本单位账户内偿还到期贷款

此致

借款单位盖章

会计分录：

记账号

5. 从祥扬食品公司购入原材料。

表 3－7　　　　　　　　中国工商银行信汇凭证（回单）1

委托日期　2019 年 1 月 6 日

汇款人	全　称	南方食品厂	收款人	全　称	祥扬食品公司
	账　号	22022567898		账　号	62012033056
	汇出地点	广西 省 南宁 市/县		汇入地点	广西 省 柳州 市/县
汇出行名称		工行南宁园科支行	汇入行名称		中行柳州鱼峰分行

人民币（大写）	柒万壹仟壹佰玖拾元整	千	百	十	万	千	百	十	元	角	分
		¥			7	1	1	9	0	0	0

汇出银行签章

附加信息及用途

此联是汇出银行给汇款人的回单

表 3－8

4500054321

No 00321123

开票日期：2019 年 1 月 6 日

购货单位	名　　称	南方食品厂	密码区		
	纳税人识别号	4500025832189			
	地 址 、电话	南宁市园科大道 35 号			
	开户行及账号	工行南宁园科支行 22022567898			

货物或应税劳务名称	规格型号	单位	数　量	单价	金　额	税率	税　额
＊食品＊鸡蛋		公斤	2 000	10.00	20 000.00	13%	2 600.00
＊调味品＊白糖		公斤	5 000	8.00	40 000.00	13%	5 200.00
＊食品添加剂＊其他食用添加剂		盒	300	10.00	3 000.00	13%	390.00
合　　计					¥ 63 000.00		¥ 8 190.00

价税合计（大写）⊗柒万壹仟壹佰玖拾元整	（小写）¥ 71 190.00

销货单位	名　　称	祥扬食品公司	备注	
	纳税人识别号	4502023578567		
	地 址 、电话	柳州市城东路 28 号		
	开户行及账号	中行柳州鱼峰分行 62012033056		

收款人：　　　　　复核：蒋芸　　　　　开票人：林慧　　　　　销货单位（章）

实训项目三 填制与审核记账凭证

表 3-9

4500054321

No 00321123
开票日期：2019 年 1 月 6 日

购货单位	名　　　称	南方食品厂				密码区		
	纳税人识别号	4500025832189						
	地　址、电话	南宁市园科大道 35 号						
	开户行及账号	工行南宁园科支行 22022567898						
货物或应税劳务名称	规格型号	单位	数量	单价	金　　额	税率	税　　额
*食品*鸡蛋		公斤	2 000	10.00	20 000.00	13%	2 600.00
*调味品*白糖		公斤	5 000	8.00	40 000.00	13%	5 200.00
*食用添加剂*其他食品添加剂		盒	300	10.00	3 000.00	13%	390.00
合　　　计					¥ 63 000.00		¥ 8 190.00
价税合计（大写）⊗柒万壹仟壹佰玖拾元整					（小写）¥ 71 190.00		
销货单位	名　　　称	祥扬食品公司				备注	
	纳税人识别号	4502023578567					
	地　址、电话	柳州市城东路 28 号					
	开户行及账号	中行柳州鱼峰分行 62012033056					

收款人：　　　　　复核：蒋芸　　　　　开票人：林慧　　　　　销货单位（章）

6. 验收从祥扬食品公司购入已付款的材料。

表 3-10　　　　　　　　　　　　　　　　材　料　入　库　单

供货单位：祥扬食品公司　　　　　2019 年 1 月 7 日　　　　　入库字　第 001 号

材料编号	材料规格及名称	计量单位	数量		单价	买价	运杂费	实际成本
			应收	实收				
04	鸡蛋	公斤	2 000	2 000	10.00	20 000.00		20 000.00
02	白糖	公斤	5 000	5 000	8.00	40 000.00		40 000.00
05	食用添加剂	盒	300	300	10.00	3 000.00		3 000.00
	合　　　计					¥ 63 000.00		¥ 63 000.00

备注：增值税专用发票号 00321123

采购：　　　　检验：廖彬彬　　　　记账：　　　　保管：苏林

7. 向欣欣贸易公司购入花生油。

表 3-11

中国工商银行
转账支票存根
Ⅸ Ⅱ 01232161

科　目_____
对方科目_____
出票日期　2019 年 1 月 7 日
收款人：欣欣贸易公司
金　额：¥113 000.00
用　途：购花生油
单位主管　　　　　　　会计

表 3-12

4500054331

No 00321124
开票日期：2019 年 1 月 7 日

购货单位	名　称：	南方食品厂				密码区			
	纳税人识别号：	4500025832189							
	地　址、电话：	南宁市园科大道 35 号							
	开户行及账号：	工行南宁园科支行 22022567898							
货物或应税劳务名称	规格型号	单位	数量	单价	金　额		税率	税　额	
食品油及其制品 花生油		公斤	5 000	20.00	100 000.00		13%	13 000.00	
合　　计					¥100 000.00			¥13 000.00	
价税合计（大写）⊗壹拾壹万叁仟元整					（小写）¥113 000.00				
销货单位	名　称：	欣欣贸易公司			备注				
	纳税人识别号：	4501009914712							
	地　址、电话：	南宁市葛东路西一里							
	开户行及账号：	北部湾银行邕城分行 11198700562							

收款人：　　　　　复核：韦安娜　　　　开票人：李立　　　　销货单位（章）：

实训项目三 填制与审核记账凭证

表3-13

4500054331

No 00321124

开票日期：2019年1月7日

购货单位	名　　称：	南方食品厂				密码区			
	纳税人识别号：	4500025832189							
	地　址、电话：	南宁市园科大道35号							
	开户行及账号：	工行南宁园科支行 22022567898							
货物或应税劳务名称	规格型号	单位	数量	单价	金　额	税率	税　额
食品油及其制品 花生油		公斤	5 000	20.00	100 000.00	13%	13 000.00
合　　计					￥100 000.00		￥13 000.00
价税合计（大写）⊗壹拾壹万叁仟元整					（小写）￥113 000.00		
销货单位	名　　称：	欣欣贸易公司				备注			
	纳税人识别号：	4501009914712							
	地　址、电话：	南宁市葛东路西一里							
	开户行及账号：	北部湾银行邕城分行 11198700562							

收款人：　　　　　复核：韦安娜　　　　开票人：李立　　　销货单位（章）

表3-14　　　　　　　　　材料入库单

供货单位：欣欣贸易公司　　　2019年1月7日　　　　入库字　第002号

材料编号	材料规格及名称	计量单位	数量		单价	买价	实际成本
			应收	实收			
03	花生油	公斤	5 000	5 000	20.00	100 000.00	100 000.00
合　　计						￥100 000.00	￥100 000.00
备注：增值税专用发票号 00321124							

采购：　　　　检验：廖彬彬　　　　记账：　　　　保管：苏林

8. 从银行提现金备用。

表 3－15

中国工商银行
现金支票存根
Ⅸ Ⅱ 02500076
科　目＿＿＿＿＿＿＿
对方科目＿＿＿＿＿＿
出票日期　2019 年 1 月 7 日
收款人：南方食品厂
金　额：￥4 000.00
用　途：备用金
单位主管　　　　　　会计

9. 肖建出差借差旅费。

表 3－16　　　　　　　　　借　款　单

借款理由：赴梧州参加会议出差借款		
借款数额（大写）贰仟伍佰元整　　　　￥2 500.00　　　现金付讫		
借款人签章：肖建　　2019 年 1 月 8 日		
单位领导：郑立	部门负责人：郭可	会计主管人员：韦敏

10. 预付和归还给阳阳面粉厂货款。

实训项目三　填制与审核记账凭证

表 3-17　　　　　　　中国工商银行信汇凭证（回单）1

委托日期 2019 年 1 月 9 日

汇款人	全　称	南方食品厂	收款人	全　称	阳阳面粉厂
	账　号	22022567898		账　号	56005621034
	汇出地点	广西省 南宁市/县		汇入地点	广西省 南宁市/县
	汇出行名称	工行南宁园科支行		汇入行名称	交行宾阳县城建分行

人民币（大写）	壹拾叁万陆仟元	千	百	十	万	千	百	十	元	角	分
		¥	1	3	6	0	0	0	0	0	0

汇出银行签章	（中国工商银行南宁园科支行 核算用章(08)）	附加信息及用途 偿还欠款 23 000 元，预付货款 113 000 元。

此联是汇出银行给汇收款人的回单

11. 将阳阳面粉厂预购的面粉验收入库。

表 3-18

4500054340

广西增值税专用发票
发票联

No 00432431
开票日期：2019 年 1 月 10 日

购货单位	名　称：	南方食品厂	密码区					
	纳税人识别号：	4500025832189						
	地址、电话：	南宁市园科大道 35 号						
	开户行及账号：	工行南宁园科支行 22022567898						
货物或应税劳务名称	规格型号	单位	数量	单价	金　额	税率	税　额
*小麦粉*面粉		公斤	25 000	4.00	100 000.00	13%	13 000.00
合　计					¥100 000.00		¥113 000.00
价税合计（大写）	⊗壹拾壹万叁仟元整				（小写）¥113 000.00		
销货单位	名　称：	阳阳面粉厂	备注	（阳阳面粉厂 发票专用章）			
	纳税人识别号：	4501820115532					
	地址、电话：	宾阳县黎塘镇同兴路 5 号					
	开户行及账号：	交行宾阳县城建分行 56005621034					

收款人：　　　　复核：农宾　　　　开票人：杨帆　　　　销货单位（章）：

第二联　发票联　购货方记账凭证

表 3-19

4500054340

No 00432431

开票日期：2019 年 1 月 10 日

购货单位	名　　　称：	南方食品厂		密码区			
	纳税人识别号：	4500025832189					
	地　址、电　话：	南宁市园科大道 35 号					
	开户行及账号：	工行南宁园科支行 22022567898					

货物或应税劳务名称	规格型号	单位	数量	单价	金　额	税率	税　额
*小麦粉*面粉		公斤	25 000	4.00	100 000.00	13%	13 000.00
合　　计					¥100 000.00		¥13 000.00

价税合计（大写）⊗壹拾壹万叁仟元整　　　　　　　　（小写）¥113 000.00

销货单位	名　　　称：	阳阳面粉厂	备注	
	纳税人识别号：	4501820115532		
	地　址、电　话：	宾阳县黎塘镇同兴路 5 号		
	开户行及账号：	交行宾阳县城建分行 56005621034		

收款人：　　　　　复核：农宾　　　　开票人：杨帆　　　　销货单位（章）

表 3-20　　　　　　　　　　材　料　入　库　单

供货单位：阳阳面粉厂　　　　2019 年 1 月 10 日　　收料库：　　　　　入库字　第 003 号

材料编号	材料规格及名称	计量单位	数　量		单价	买价	运杂费	实际成本
			应收	实收				
01	面粉	公斤	25 000	25 000	4.00	100 000.00	1 000.00	101 000.00
合　　计						¥100 000.00	1 000.00	¥101 000.00

备注：增值税专用发票号　00432431

采购：　　　　　检验：廖彬彬　　　　记账：　　　　　保管：苏林

实训项目三 填制与审核记账凭证

表 3-21

货　　票

丙联 A　No 05643

计划号码或运输号码　　　　南宁铁路局　　　　承运凭证：发站→发票人报销用

发站	黎塘	到站（局）	南宁	车种车号	（平）0105	货车标重	20吨	承运人/托运人装车	
托运人	名称	阳阳面粉厂			施封号码	0023208		承运人/托运人施封	
	住址	宾阳县黎塘镇同兴路5号	电话	7914561	铁路货车篷布号码	0135643347			
收货人	名称	南方食品厂							
	住址	南宁市南宁市园科大道35号	电话	3941789	经由		运价里程	110公里	
货物名称	件数	包装	货物重量（公斤）		计费重量	运价号	运价率	现付	
			托运人确定	承运人确定				费别	金额
面粉	150	袋	20 000	20 000				运费	1 000.00
								装费	
								过秤费	
								保险费	
记事	托运\收货人自己装卸							合计	1 000.00

　　　　经办人盖章　　　　　　　　　　发站承运日期戳

12. 生产产品领用材料。

本月生产薄脆饼 20 000 公斤，生产蛋香饼 15 000 公斤，汇总领用原材料如下：

表 3-22

用途	01 面粉		02 白糖		03 花生油		04 鸡蛋		05 食用添加剂		合计（元）
	公斤	金额	公斤	金额	公斤	金额	公斤	金额	盒	金额	
薄脆饼	10 000	40 000	2 000	16 000	3 000	60 000			400	4 000	120 000
蛋香饼	11 000	44 000	4 000	32 000	3 100	62 000	1 000	10 000	200	2 000	150 000

表 3－23   领　料　单

仓库：材料库　　　　　　　　　　　2019 年 1 月 10 日　　　　　　　　　领料字 01 号

材料编号	材料名称	规格	单位	数量		金额	
				请领	实领	单价	总价
01	面粉		公斤	10 000	10 000	4.00	40 000.00
02	白糖		公斤	2 000	2 000	8.00	16 000.00
03	花生油		公斤	3 000	3 000	20.00	60 000.00
05	食用添加剂		盒	400	400	10.00	4 000.00
合　计							120 000.00
用途	生产薄脆饼 20 000 公斤		领料部门：生产车间　张涛			发料部门：材料仓库　苏林	

表 3－24   领　料　单

仓库：材料库　　　　　　　　　　　2019 年 1 月 10 日　　　　　　　　　领料字 02 号

材料编号	材料名称	规格	单位	数量		金额	
				请领	实领	单价	总价
01	面粉		公斤	11 000	11 000	4.00	44 000.00
02	白糖		公斤	4 000	4 000	8.00	32 000.00
03	花生油		公斤	3 100	3 100	20.00	62 000.00
04	鸡蛋		公斤	1 000	1 000	10.00	10 000.00
05	食用添加剂		盒	200	200	10.00	2 000.00
合　计							150 000.00
用途	生产蛋香饼 15 000 公斤		领料部门：生产车间　张涛			发料部门：材料仓库　苏林	

13. 以现金向文具店购买办公用品。

实训项目三　填制与审核记账凭证

表 3-25
4500170911

No 00187118
开票日期：2019 年 1 月 12 日

购货单位	名　　称：	南方食品厂				密码区			
	纳税人识别号：	4500025832189							
	地　址、电话：	南宁市园科大道 35 号							
	开户行及账号：	工行南宁园科支行 22022567898							
货物或应税劳务名称	规格型号	单位	数量	单价	金　额		税率	税　额	
*笔*水性笔		包	100	1.46	145.63		3%	4.37	
*纸制品*笔记本		本	50	6.8	339.81		3%	10.19	
合　　计					¥485.44			¥14.56	
价税合计（大写）⊗伍佰元整					（小写）¥500.00				
销货单位	名　　称：	兴盛文具店				备注			
	纳税人识别号：	4500009760988							
	地　址、电话：	南宁市建设路 53 号							
	开户行及账号：	建行南宁建设支行 223298595674							

收款人：　　　　复核：何利　　　　开票人：李宏　　　　销货单位（章）

14. 支付电话费用。

表 3-26
4500170912

No 00187119
开票日期：2019 年 1 月 12 日

购货单位	名　　称：	南方食品厂				密码区			
	纳税人识别号：	4500025832189							
	地　址、电话：	南宁市园科大道 35 号							
	开户行及账号：	工行南宁园科支行 22022567898							
货物或应税劳务名称	规格型号	单位	数量	单价	金　额		税率	税　额	
*电信服务*基础电信服务					1 192.66		9%	107.34	
合　　计					¥1 192.66			¥107.34	
价税合计（大写）⊗壹仟叁佰元整					（小写）¥1 300.00				
销货单位	名　　称：	南宁电信局				备注			
	纳税人识别号：	4500023348457							
	地　址、电话：	南宁市青秀路 8 号							
	开户行及账号：	建行南宁青秀支行 220032985988							

收款人：　　　　复核：王思　　　　开票人：何红　　　　销货单位（章）

表 3-27

```
中国工商银行
转账支票存根
IX Ⅱ 01232162

科  目＿＿＿＿＿＿
对方科目＿＿＿＿＿＿
出票日期  2019 年 1 月 12 日
收款人：南宁电信局
金  额：¥1 300.00
用  途：付电话费
单位主管           会计
```

表 3-28

电话费用分配表

2019 年 1 月 12 日

项 目	厂部办公室的话费	生产车间的话费
市内电话费	480.00	500.00
长途直拨电话费	320.00	
合 计	800.00	500.00

单位主管：　　　　财务主管：　　　　复核：姚姚　　　　制表：刘娜

15. 支付电费和水费。

表 3-29

```
中国工商银行
转账支票存根
IX Ⅱ 01232163

科  目＿＿＿＿＿＿
对方科目＿＿＿＿＿＿
出票日期  2019 年 1 月 13 日
收款人：南宁市自来水公司
金  额：¥6 000.00
用  途：付水费
单位主管           会计
```

实训项目三　填制与审核记账凭证

表 3-30

```
           中国工商银行
           转账支票存根
           IX Ⅱ 01232164

科　　目＿＿＿＿＿＿
对方科目＿＿＿＿＿＿
出票日期　2019 年 1 月 13 日

收款人：南宁供电局
金　额：￥15 000.00
用　途：付电费

单位主管　　　　　　　会计
```

表 3-31

4501897644

广西增值税普通发票
发　票　联

No 00765456
开票日期：2019 年 1 月 13 日

购货单位	名　称：	南方食品厂					密码区		
	纳税人识别号：	4500025832189							
	地　址、电话：	南宁市园科大道 35 号							
	开户行及账号：	工行南宁园科支行 22022567898							
货物或应税劳务名称	规格型号	单位	数量	单价	金　额		税率	税　额	
*水*自来水		吨	2 621.23	2.10	5 504.59		9%	495.41	
合　计					￥5 504.59			￥495.41	
价税合计（大写）⊗陆仟元整					（小写）￥6 000.00				
销货单位	名　称：	南宁市自来水公司					备注		
	纳税人识别号：	4500078865453							
	地　址、电话：	南宁市谷城路 8 号							
	开户行及账号：	工行南宁谷城支行 220293883702							

收款人：　　　　复核：于誉　　　　开票人：方向　　　　销货单位（章）：

第二联　发票联　购货方记账凭证

表 3-32

4500897633

广西增值税普通发票
发票联

No 00129854
开票日期：2019 年 1 月 13 日

购货单位	名　　　称	南方食品厂				密码区			
	纳税人识别号：	4500025832189							
	地　址、电　话	南宁市园科大道 35 号							
	开户行及账号	工行南宁园科支行 22022567898							
货物或应税劳务名称	规格型号	单位	数量	单价	金　　额		税率	税　额	
*电*供电		度	6 637.17	1.60	13 274.34		13%	1 725.66	
合　　计					¥ 13 274.34			¥ 1 725.66	
价税合计（大写）⊗壹万伍仟元整						（小写）¥ 15 000.00			
销货单位	名　　　称	南宁供电局				备注			
	纳税人识别号：	450009830404							
	地　址、电　话	南宁市宁西路 10 号							
	开户行及账号	工行南宁宁西支行 220209830942							

收款人：　　　　　　复核：张斯　　　　开票人：刘水商　　　　销货单位（章）

表 3-33

水电费分配表

2019 年 1 月 13 日

分　　类	自来水费用	电力费用	合　　计
生产车间			
行政部门			
销售部门			
合　　计			

单位主管：　　　　财务主管：　　　　制表：　　　　复核：

16. 提现金备发工资。

表 3-34

中国工商银行

现金支票存根

Ⅸ Ⅱ 02500077

科　目_____

对方科目_____

出票日期　2019 年 1 月 14 日

收款人：南方食品厂

金　额：¥ 99 900.00

用　途：提现付工资

单位主管　　　　　会计

17. 以现金发放工资和奖金。

表 3－35　　　　　　　　　　　工 资 发 放 表　　　　　　　　第_____页

2019 年 12 月 1 日　至 2019 年 12 月 31 日　　　　　　　　　共_____页

序号	级别	姓 名	每月工资额							应扣数		实发人民币							收款人签章
			万	千	百	十	元	角	分			万	千	百	十	元	角	分	
		郑立																	1　2
		韦敏																	
		姚姚																	3　4
		……																	
		……																	5　6
		合　计																	

单位领导：　　　　　财务经理：　　　　　会计：　　　　　制表：

表 3－36　　　　　　　　　　　奖 金 发 放 表　　　　　　　　第_____页

2019 年 12 月 1 日　至 2019 年 12 月 31 日　　　　　　　　　共_____页

序号	级别	姓 名	每月工资额							应扣数		实发人民币							收款人签章
			万	千	百	十	元	角	分			万	千	百	十	元	角	分	
		郑立																	1　2
		韦敏																	
		姚姚																	3　4
		……																	
		……																	5　6
		合　计																	

单位领导：　　　　　财务经理：　　　　　会计：　　　　　制表：

18. 肖建出差回来报销差旅费。

表 3-37

收 款 收 据

2019 年 1 月 16 日

今收到 肖建 交来 参加梧州会议余款		
人民币（大写）：壹佰伍拾元整	￥150.00	现金收讫
事由：参加梧州会议	现金	
	支票第　号	
收款单位 南方食品厂	财务主管 韦敏	收款人 卢丽

二 记账联

表 3-38

旅差费报销单

姓名 肖建　职级别＿＿＿＿＿＿　　填报：2019 年 1 月 16 日
出差事由 赴梧州开会　　　　　　　记账：　年　月　日

总字第　号　字第　号　账页　记账

日 期				地点		车船费		住宿费	途中补助费		住勤费			其他	合计金额							备注
起			到												万	千	百	十	元	角	分	
月	日	时	月	日	时	起	到	类别	金额		天数	金额	地点	天数	金额							
1	10		1	15		南宁	梧州	汽车	250.00	700.00	6	360.00				270.00		1	5	8	0	0	0	
								交通	300.00							470.00			7	7	0	0	0	
合			计						550.00	700.00		360.00				740.00								

以上单据共　　张　　总计金额（大写）贰仟叁佰伍拾元整　　￥2 3 5 0 0 0

1 预支　　　　　　2 外借　　　　　　3 缴回　　　　　　4 补付
旅费币：2 500.00　　旅费币：　　　　现款币：150.00　　现款币：

单位领导：郑立　　会计：姚姚　　分录：　　审核：韦敏　　出差人：肖建

19. 支付车间使用的柴油费。

表 3 – 39

中国石油化工股份有限公司

发票联　　　　| G | 国 |

报销凭证

发票代码：1450009233321

发票号码：02383321

开票日期：2019 年 1 月 19 日

发票号码：02384441

客户名称：南方食品厂

| 品名 | 单价 | 数量 | 金额 |

0 号柴油　　7.0　　2 740　　19 180.00

合计￥19 180.00

大写：壹万玖仟壹佰捌拾元整

防伪码：0537 4551 0608 9536 2043

开票单位：中石化大学路加油站

收款员：01 号

电话：0771-3666999

油品服务质量监督电话：0771-95105888

发票监督电话：0771-5300000

表 3-40

中国工商银行
转账支票存根
Ⅸ Ⅱ 01232166
科　目＿＿＿＿＿
对方科目＿＿＿＿＿
出票日期　2019 年 1 月 19 日
收款人：中石油公司
金　额：￥19 180.00
用　途：柴油费用
单位主管　　　　　　会计

20. 收到兴桂工贸公司偿还前欠货款。

表 3-41　　　　中国工商银行信汇凭证（收款通知）4

委托日期 2019 年 1 月 21 日

汇款人	全　称	兴桂工贸公司	收款人	全　称	南方食品厂	此联是汇入银行给收款人的收款通知
	账　号	80800075432		账　号	22022567898	
	汇出地点	广西 省 桂林 市/县		汇入地点	广西 省 南宁 市/县	
汇出行名称		建行桂林支江路支行	汇入行名称		工行南宁园科支行	
人民币（大写）		柒万捌仟元整	千 百 十 万 千 百 十 元 角 分 　　　　￥ 7 8 0 0 0 0 0 0			
汇入银行签章			附加信息及用途 偿还货款			

21. 销售给汇通商贸公司薄脆饼和蛋香饼等产品。

表 3-42

4500891234

广西增值税专用发票

No 00306789

开票日期：2019 年 1 月 23 日

购货单位	名　　称：	汇通商贸公司						
	纳税人识别号：	4501037531593						
	地　址、电话：	南宁市邕宁区向东路 3 号						
	开户行及账号：	农行邕宁彩虹支行 32100123268						
货物或应税劳务名称	规格型号	单位	数　量	单价	金　　额	税率	税　　额	
*饼干*薄脆饼		公斤	2 000	15.00	30 000.00	13%	3 900.00	
*饼干*蛋香饼		公斤	3 000	20.00	60 000.00	13%	7 800.00	
合　　计					￥90 000.00		￥11 700.00	
价税合计（大写）⊗壹拾万壹仟柒佰元整					（小写）￥101 700.00			
销货单位	名　　称：	南方食品厂						
	纳税人识别号：	4500025832189						
	地　址、电话：	南宁市园科大道 35 号						
	开户行及账号：	工行南宁园科支行 22022567898						

收款人：　　　　复核：姚姚　　　　开票人：卢丽　　　　销货单位（章）

22. 销售给兴桂工贸公司薄脆饼。

表 3-43

4500891234

广西增值税专用发票

No 00306790

开票日期：2019 年 1 月 24 日

购货单位	名　　称：	兴桂工贸公司						
	纳税人识别号：	4503002589515						
	地　址、电话：	桂林市支江路 110 号						
	开户行及账号：	建行桂林支江路支行 80800075432						
货物或应税劳务名称	规格型号	单位	数　量	单价	金　　额	税率	税　　额	
*饼干*薄脆饼		公斤	10 000	15.00	150 000.00	13%	19 500.00	
合　　计					￥150 000.00		￥19 500.00	
价税合计（大写）⊗壹拾陆万玖仟伍佰元整					（小写）￥169 500.00			
销货单位	名　　称：	南方食品厂						
	纳税人识别号：	4500025832189						
	地　址、电话：	南宁市园科大道 35 号						
	开户行及账号：	工行南宁园科支行 22022567898						

收款人：　　　　复核：姚姚　　　　开票人：卢丽　　　　销货单位（章）：

表 3-44　　　　　　　　　**委托收款凭证（回单）**　　　　　　委托号码 11001

2019 年 1 月 24 日

付款人	全　称	兴桂工贸公司	收款人	全　称	南方食品厂
	账　号	80800075432		账　号	22022567898
	开户银行	建行桂林支江路支行		开户银行	工行南宁园科支行

人民币（大写）	壹拾陆万玖仟伍佰元整	千	百	十	万	千	百	十	元	角	分
			¥	1	6	9	5	0	0	0	0

货款内容	货款	凭证名称	委托收款凭证（电划）	附寄单证张数	2

备注：	银行意见	科目（付）
		对方科目（收）
	收款单位开户行盖章	转账　年　月　日
	2019 年 1 月 24 日	复核员　　　记账员

此联是收款单位开户银行给收款人的受理回单

23. 支付广告费。

表 3-45

```
中国工商银行
转账支票存根
Ⅸ Ⅱ 01232167

科　目＿＿＿＿＿＿
对方科目＿＿＿＿＿＿
出票日期　2019 年 1 月 25 日
收款人：飞扬广告公司
金　额：￥10 900.00
用　途：付广告费
单位主管　　　　　　会计
```

表 3－46
4501091987

No 00209765

开票日期：2019 年 1 月 25 日

购货单位	名　　　称：	南方食品厂				密码区			
	纳税人识别号：	4500025832189							
	地址、电话：	南宁市园科大道 35 号							
	开户行及账号：	工行南宁园科支行 22022567898							
货物或应税劳务名称	规格型号	单位	数量	单价	金　额		税率	税　额	
＊文化创意服务＊广告费					10 283.02		6%	616.18	
合　计					￥10 283.02			￥616.98	
价税合计（大写） ⊗壹万零玖佰元整					（小写） ￥10 900.00				
销货单位	名　　　称：	飞扬广告公司				备注			
	纳税人识别号：	4500009760686							
	地址、电话：	南宁市古成路 75 号							
	开户行及账号：	建行南宁古成支行 223298544336							

收款人：　　　　复核：姚利　　　　开票人：李军　　　　销货单位（章）

24. 销售给城南百货超市蛋香饼。

表 3－47
4500067176

No 00309844

开票日期：2019 年 1 月 27 日

购货单位	名　　　称：	城南百货超市				密码区			
	纳税人识别号：	4501040177645							
	地址、电话：	南宁市葛东路 177 号							
	开户行及账号：	交行南宁市葛东路支行 55004321911							
货物或应税劳务名称	规格型号	单位	数量	单价	金　额		税率	税　额	
＊饼干＊蛋香饼		公斤	8 500	20.00	170 000.00		13%	22 100.00	
合　计					￥170 000.00			￥22 100.00	
价税合计（大写） ⊗壹拾玖万贰仟壹佰元整					（小写） ￥192 100.00				
销货单位	名　　　称：	南方食品厂				备注			
	纳税人识别号：	4500025832189							
	地址、电话：	南宁市园科大道 35 号							
	开户行及账号：	工行南宁园科支行 22022567898							

收款人：　　　　复核：张明　　　　开票人：卢丽　　　　销货单位（章）：

表 3－48　　　　　　　　　　中国工商银行进账单（回单）

2019 年 1 月 27 日　　　　　　　　　　第 010 号

付款人	全　称	城南百货超市	收款人	全　称	南方食品厂
	账　号	55004321911		账　号	22022567898
	开户银行	交行南宁市葛东路支行		开户银行	工行南宁园科支行

人民币（大写）	壹拾玖万贰仟壹佰元整	千	百	十	万	千	百	十	元	角	分
			¥	1	9	2	1	0	0	0	0

票据种类	转账支票
票据张数	1

单位主管	会计	复核	记账

（此联是收款人开户行交收款人的收款通知）

核算用章（08）　中国工商银行南宁园科支行

25．收到兴桂工贸公司前欠货款。

表 3－49　　　　　　　　　　委托收款凭证（收款通知）　　　　　　　委托号码 12001

2019 年 1 月 28 日

付款人	全　称	兴桂工贸公司	收款人	全　称	南方食品厂
	账　号	80800075432		账　号	22022567898
	开户银行	建行桂林支江路支行		开户银行	工行南宁园科支行

人民币（大写）	壹拾陆万玖仟伍佰元整	千	百	十	万	千	百	十	元	角	分
				¥	1	6	9	5	0	0	0	0

货款内容	货款	委托收款凭证名称	委托收款凭证（电划）	附寄单证张数	2

备注：	上列款项已划回收入你方账户内
	收款人开户行盖章　年　月　日

核算用章（08）　中国工商银行南宁园科支行

（此联是收款单位开户银行收账通知）

26. 计提折旧费。

表 3-50　　　　　　　　　　　固定资产分类折旧计算表
2019 年 1 月 31 日

固定资产类别	使用部门	固定资产原值	平均月折旧率	月折旧额
生产用房屋	生产车间	1 200 000	0.5%	
生产设备	生产车间	650 000	0.4%	
办公设备	行政管理部门	200 000	0.6%	
合计	—	2 050 000	—	

单位主管：　　　　　财务主管：　　　　　制表：　　　　　复核：

27. 支付修理费。

表 3-51

中国工商银行
转账支票存根
Ⅸ Ⅱ 01232165

科　目＿＿＿＿＿＿

对方科目＿＿＿＿＿＿

出票日期　2019 年 1 月 31 日

收款人：精通机械修配厂

金　额：￥21 153.60

用　途：付车间修理费

单位主管　　　　　会计

表 3－52

4500055112

No 00432123

开票日期：2019 年 1 月 31 日

购货单位	名　　　称：南方食品厂	密码区						
	纳税人识别号：4500025832189							
	地　址、电话：南宁市园科大道 35 号							
	开户行及账号：工行南宁园科支行 22022567898							
货物或应税劳务名称	规格型号	单位	数量	单价	金　　额	税率	税　　额
*修理修配劳务*车间设备维修					18 720.00	13%	2 433.60
合　　计					¥ 18 720.00		¥ 2 433.60
价税合计（大写）贰万壹仟壹佰伍拾叁元陆角整					（小写）¥ 21 153.60		
销货单位	名　　　称：精通机械修配厂	备注						
	纳税人识别号：450102577885453							
	地　址、电话：南宁市安吉路 15 号 3177574							
	开户行及账号：安吉路建行分理处 35004562321							

收款人：张可　　复核：陈华　　开票人：马晨　　销货单位（章）林晓

表 3－53

4500055112

No 00432123

开票日期：2019 年 1 月 31 日

购货单位	名　　　称：南方食品厂	密码区						
	纳税人识别号：4500025832189							
	地　址、电话：南宁市园科大道 35 号							
	开户行及账号：工行南宁园科支行 22022567898							
货物或应税劳务名称	规格型号	单位	数量	单价	金　　额	税率	税　　额
*修理修配劳务*车间设备维修					18 720.00	13%	2 433.60
合　　计					¥ 18 720.00		¥ 2 433.60
价税合计（大写）⊗贰万壹仟壹佰伍拾叁元陆角整					（小写）¥ 21 153.60		
销货单位	名　　　称：南方机械修配厂	备注						
	纳税人识别号：450102577885453							
	地　址、电话：南宁市安吉路 15 号 3177574							
	开户行及账号：安吉路建行分理处 35004562321							

收款人：张可　　复核：陈华　　开票人：马晨　　销货单位（章）：林晓

28. 分配本月工资和奖金。

表 3-54　　　　　　　　　　　工 资 分 配 表

2019 年 1 月 31 日

应借科目		应付工资	奖金	合　　计
生产成本	薄脆饼			
	蛋香饼			
制造费用				
管理费用				
销售费用				
合　　计				

单位主管：　　　　　财务主管：　　　　　制表：　　　　　审核：

29. 分配和结转制造费用。

表 3-55　　　　　　　　　　　制 造 费 用 分 配 表

2019 年 1 月 31 日

分配对象	分配标准（生产工人工资）	分配率	分配金额	备注
薄脆饼	12 000.00			
蛋香饼	18 000.00			
合计	30 000.00			

单位主管：　　　　　财务主管：　　　　　制表：　　　　　审核：

30. 本月投产薄脆饼 20 000 公斤，蛋香饼 15 000 公斤，全部完工，计算和结转本月完工产品生产成本。填写产品成本计算表和入库单的单价、金额。

表 3-56　　　　　　　　　　　产品生产成本计算表
　　　　　　　　　　　　　　　2019 年 1 月 31 日

产品名称	直接材料	直接人工	制造费用	合计	单位成本	生产数量（公斤）
薄脆饼						20 000
蛋香饼						15 000
合计						

单位主管：　　　　　　财务主管：　　　　　　制表：　　　　　　审核：

表 3-57　　　　　　　　　　　产 品 入 库 单（财务联）
交货单位：生产车间　　　　　　2019 年 1 月 31 日　　　　　　　入库　第 02 号

品　名	计量单位	数量	单价	金　额								备注
				十	万	千	百	十	元	角	分	
薄脆饼	公斤	20 000										
蛋香饼	公斤	15 000										
合计												

仓库负责人：　　　　　　记账：　　　　　　仓库保管员：　　　　　　制单：

31. 计算和结转本月已销薄脆饼、蛋香饼的销售成本。

表 3-58　　　　　　　　　　　商 品 出 库 单（财务联）
购货单位：汇通商贸公司　　　　2019 年 1 月 31 日　　　　　　　出库字第 001 号

品　名	计量单位	数量	单价	金　额								用途或原因
				十	万	千	百	十	元	角	分	
薄脆饼	公斤	2 000	8.50		1	7	0	0	0	0	0	销售
蛋香饼	公斤	3 000	15.00		4	5	0	0	0	0	0	销售
合计				¥	6	2	0	0	0	0	0	

仓库负责人：　　　　　　记账：　　　　　　仓库保管员：　　　　　　提货：

实训项目三　填制与审核记账凭证

表 3-59　　　　　　　　　　　商　品　出　库　单（财务联）

购货单位：兴桂工贸公司　　　　2019 年 1 月 31 日　　　　　　出库字第 002 号

品　名	计量单位	数量	单价	金　额								备注
				十	万	千	百	十	元	角	分	
薄脆饼	公斤	10 000	8.50		8	5	0	0	0	0	0	按成本价发出
合计				¥	8	5	0	0	0	0	0	

仓库负责人：　　　　　　记账：　　　　　　仓库保管员：　　　　　　提货：

表 3-60　　　　　　　　　　　商　品　出　库　单（财务联）

购货单位：城南百货超市　　　　2019 年 1 月 31 日　　　　　　出库字第 003 号

品　名	计量单位	数量	单价	金　额								备注
				十	万	千	百	十	元	角	分	
蛋香饼	公斤	8 500	15.00		1	2	7	5	0	0	0	按成本价发出
合计					1	2	7	5	0	0	0	

仓库负责人：　　　　　　记账：　　　　　　仓库保管员：　　　　　　提货：

表 3-61　　　　　　　　　　　产　品　销　售　成　本　计　算　表

2019 年 1 月 31 日

产品名称	销售数量（公斤）	单位成本	总成本
薄脆饼			
蛋香饼			

单位主管：　　　　　　财务主管：　　　　　　制表：　　　　　　审核：

32. 计提短期借款 150 000 元的应付利息，月利率 6‰。

表 3-62　　　　　　　　　　　银行借款利息计算单

2019 年 1 月 31 日

借款种类	借款金额	贷款利率	月利息额
合计			

单位主管：　　　　　　财务主管：　　　　　　制表：　　　　　　审核：

实训项目三　填制与审核记账凭证

33．计算和结转城市维护建设税和教育费附加。

表 3-63　　　　　　　　城市维护建设税和教育费附加计算表

年　月　日

项　目	计税基础（应交增值税）	税率或征收率	应纳税额
应交城市维护建设税			
应交教育费附加			

单位主管：　　　　　财务主管：　　　　　制表：　　　　　审核：

34．收到汇通商贸公司违约金。

表 3-64　　　　　　　　中国工商银行进账单（回单）

2019 年 1 月 31 日　　　　　　　　　　　　　第 011 号

付款人	全　称	汇通商贸公司	收款人	全　称	南方食品厂
	账　号	32100123268		账　号	22022567898
	开户银行	农行邕宁彩虹支行		开户银行	工行南宁园科支行

人民币（大写）	叁仟伍佰元整	千	百	十	万	千	百	十	元	角	分
					¥	3	5	0	0	0	0

票据种类	转账支票
票据张数	1

此联是收款人开户行交收款人的收款通知

表 3-65　　　　　　　　收 款 收 据　　　　　　　　No 2100356

2019 年 1 月 31 日

今 收 到	汇通商贸公司交来				
人民币（大写）叁仟伍佰元整			¥ 3 500.00		
事由：违约金			现金	√	现金收讫
			支票　第　　号		
收款单位	南方食品厂	财务主管	韦敏	收款人	卢丽

三记账联

35. 将各收入类和支出类账户分别结转到"本年利润"账户。

表 3-66　　　　　　　　　　　损益类账户余额表

年　月　日

账户名称	费用类账户（借方）余额	账户名称	收益类账户（贷方）余额
合　计			

36. 按规定所得税税率25%计算并结转本月应交所得税。

表 3-67　　　　　　　　　　　企业所得税计算表

年　月　日

项目	本月利润总额	本月纳税调整增加额	本月纳税调整减少额	本月应纳税所得额	税率%	本月应交所得税额
金额						

单位主管：　　　　　财务主管：　　　　　制表：　　　　　审核：

37. 缴纳上月应交各项税费。

表 3-68

中华人民共和国
税收电子转账专用完税凭证   国

填发日期：2019 年 1 月 31 日

税务登记代号	4500025832189		征收机关	西乡塘国税分局
纳税人全称	南方食品厂	收款银行（邮局）	工商银行南宁园科支行 22022567898	
税（费）种		税收所属期间		实缴金额
增值税				22 270.00
金额合计	（大写）贰万贰仟贰佰柒拾元整			￥22 270.00
征收机关	收款银行（邮局）（盖章）	经手人（签章）	备注	电子缴税

此凭证仅作缴税人凭证

表 3-69

中华人民共和国
广西南宁市
税收电子转账专用完税凭证   地

填发日期：2019 年 1 月 31 日

税务登记代号	4500025832189		征收机关	西乡塘地税分局
纳税人全称	南方食品厂	收款银行（邮局）	工商银行南宁园科支行 22022567985	
税（费）种		税收所属期间		实缴金额
城市维护建设税 教育费附加				1 558.90 668.10
金额合计	（大写）贰仟贰佰贰拾柒元整			￥2 227.00
征收机关	收款银行（邮局）（盖章）	经手人（签章）	备注	电子缴税

此凭证仅作缴税人凭证

表 3-70

填发日期：2019 年 1 月 31 日

税务登记代号	4500025832189		征收机关	西乡塘地税分局
纳税人全称	南方食品厂	收款银行（邮局）	工商银行南宁园科支行 22022567898	
税（费）种		税收所属期间		实缴金额
企业所得税				19 305.75
金额合计	（大写）壹万玖仟叁佰零伍圆柒角伍分			￥19 305.75
征收机关	收款银行（邮局）（盖章）	经手人（签章）	备注	缴税

此凭证仅作缴税人凭证

实训项目四 建账与登账

一、实训目的

通过实训，明确账簿的种类和基本结构，熟悉登记账簿的一般要求，掌握日记账、总账和明细账等会计账簿的设置和登记，以及对账、结账的基本技能。

二、会计账簿的概念与分类

（一）会计账簿的概念

会计账簿是指由一定格式账页组成的，以经过审核的会计凭证为依据，全面、系统、连续地记录各项经济业务事项的簿籍。设置和登记账簿，是编制会计报表的基础，是连接会计凭证与会计报表的中间环节，对于记载、储存、分类、汇总、检查、校正和编报、输出会计信息具有重要意义。

（二）会计账簿的分类

表 4-1

账簿种类		账簿外表形式	账页的格式
序时账簿 又称日记账		必须采用订本式账簿	（1）两栏式，如普通日记账 （2）三栏式，如库存现金日记账
分类账簿	总账	一般采用订本式账簿	三栏式
	明细账	可有多种形式： 订本式、活页式、卡片式	（1）两栏式，如普通日记账 （2）三栏式，如应收账款明细账 （3）数量金额式，如原材料明细账 （4）多栏式，如生产成本明细账
备查簿		没有统一的格式	

三、会计账簿内容与登记规则

（一）会计账簿的基本内容

1. 封面。主要标明账簿名称，如总账、现金日记账、银行存款日记账。
2. 扉页。主要列明科目索引、账簿启用、经管人员一览表。
3. 账页。账页是会计账簿的主要内容，一般包括：
（1）账户名称（总账科目、二级科目或明细科目）；
（2）日期栏；
（3）凭证号栏；
（4）摘要栏（简要说明所记录经济业务的内容）；
（5）金额栏（记录经济业务金额的增减变动和余额）；
（6）页次栏（总页次和分页次）。

（二）启用账簿

启用账簿包括账簿封面、账簿扉页（账簿启用表）和账户目录的填写。

1. 账簿封面填写。在账簿封面上写明单位名称和账簿名称，如总账、现金日记账、银行存款日记账。
2. 账簿启用表的填写要求。
（1）启用订本式账簿应当从第一页到最后一页顺序编定页码数，不得跳页、缺号；

使用活页式账页应当按账户顺序号,并须定期装订在册;装订后再按实际使用的账页顺序编定页码,另加目录,记录每个账户的名称和页次。

(2) 填写记账人员姓名和会计主管人员姓名并加盖印章,以表示慎重。

(3) 加盖单位财务公章,以示严肃。

(4) 记账人员或会计主管人员变动,应办理账簿移交手续,并注明交接日期及接办人、监交人的姓名,并加盖公章。

3. 账户目录的填写。在账户目录上写明会计科目代码、会计科目的名称和页码。通常按资产负债表的会计科目顺序填写,并根据需要预留空页,同时在目录上标明各账户的页码。

(三)设置账簿

通常在初开业或年度初始时建账。其步骤如下:

1. 开设账页。在账页眉线上的有关位置注明账户名称。

2. 录入期初余额并试算平衡。

在各账户第一页的第一行余额栏抄记上年余额,并在"借或贷"栏注明"借"或"贷"字样,在日期栏填写该年1月1日,摘要栏注明"上年结转"字样。

如年内某月设账,应根据该企业上期各总分类账及明细账的余额,选择不同格式的账簿,在日期栏填写该年某月某日,摘要栏注明"期初余额"字样,在"借或贷"栏注明"借"或"贷",余额栏抄记上期余额。

3. 企业的账户开设需要进行余额试算平衡。

(1) 总分类账户余额试算平衡。

全部总分类账户年(期)初借方余额合计数 = 全部总分类账户年(期)初贷方余额合计数

试算平衡后,在各总分类账户的"核对号"处打"√"。

(2) 将总分类账户的余额与其所属的明细分类账户或日记账户的余额之和进行核对,核对无误后在各明细账户或日记账户的"核对号"处打"√"。

部分财产物资和债权债务明细账,因品种多、规格复杂和往来单位多,可以跨年度使用,不必每年度更换一次。

(四)会计账簿的登账规则

1. 根据审核无误的记账凭证登记会计账簿。

2. 账簿书写的文字和数字必须整洁清晰、准确无误,书写的文字和数字不要写满格,一般应占格距的1/2。

使用钢笔,以蓝、黑色墨水(除按规定可以使用红墨水笔的)书写,不得使用圆珠笔(按规定需一次性套写的除外)或铅笔书写。

3. 账户基本栏填写。

(1) 日期栏,根据记账凭证上填列的日期登记。年栏,可填写两位数字;月栏,只在每页第一行,以及办理月结的变更月份时填写;日栏,在每页第一行、变更日期和办理月结时填写，日期与上行相同时可以不予填写。

以自制原始凭证（收料单、领料单和商品出库单）作为记账依据的，应按有关自制原始凭证上的日期填写。

（2）凭证号栏，根据记账凭证上的凭证类型与编号填写。

（3）摘要栏，一般根据记账凭证的摘要内容填写，应简洁明了、通俗易懂。但要注意根据不同的账户、不同记账依据，填写简明清楚的业务摘要。

（4）对方科目栏，日记账户常设有"对方科目"栏，填写该笔分录中所登记科目的反向科目名称。如"借：银行存款"、"贷：应收账款"会计分录，登记银行存款日记账时，"应收账款"科目为"银行存款"的对方科目。

（5）金额栏填写：①借贷发生额栏，根据记账凭证的方向数额正确登记；②"借或贷"栏，根据余额的方向进行判断，填写"借"或"贷"，如没有余额，则填写"平"字；③余额栏，根据公式：本期余额＝上期余额＋本期收入额－本期支出额，计算填写。如果是没有余额的账户，在余额栏内用"0"表示，现金日记账和银行存款日记账必须逐日结出余额。

4. 必须连续登记，不得跳行或隔页、不得随便更换账页和撕去账页。如不慎发生跳行、隔页，应在空页或空行中间划线加以注销，或注明"此行空白"、"此页空白"字样，并由记账人员盖章，以示负责。

每页登记完毕时，应结转下页，即在最后一行的摘要栏注明"过次页"（或盖红色专用章），并在次页第一行的摘要栏注明"承前页"（或盖红色专用章），同时将前页的余额结转到次页余额栏。

5. 账簿记录发生错误时必须按规定方法更正，不得涂改、挖补、刮擦或用退色药水消除字迹。

6. 可以用红色墨水记账的情况

（1）按照下文所述红字冲账的记账凭证，冲销错误记录；

（2）在不设置"借"、"贷"栏的多栏式账页中，登记减少数；

（3）在三栏式账户的余额栏前，如未印明余额方向的，在余额栏内登记负数余额；

（4）根据国家统一会计制度的规定可以用红字登记的其他会计记录。

（五）更正错账的方法

1. 划线更正法

该方法的适用条件是：记账凭证正确并已根据记账凭证登记账簿，但在结账前发现账簿记录有文字或数字错误。更正方法如下：

（1）在错误的文字或数字上划一条红线，表示注销错误记录。

（2）在红线的上方空白处用蓝（黑）字填写正确文字或数字。（如数字错误，应将全部数字划销）

（3）由相关记账人员在更正处加盖私章。

如果是因为记账凭证错误没有及时发现，并据此错误记账凭证登记账簿，使账簿记录也发生错误的，就不能使用划线更正法更正，而要看具体的错误原因来选择项目的更正方法。

2. 红字更正法

（1）会计科目错误或借贷方向错误。更正方法是：①先用红字金额填制一张与错误凭证内容完全相同的记账凭证，在摘要栏注明"冲销（或更正）×月×日第×号凭证错误"，并用红字记账，以示注销错账记录。②再用蓝（黑）字填制一张正确的记账凭证，并据以记账。

（2）会计科目与方向无错误，只是所记金额大于应记金额。更正方法是：按多记的金额，用红字填制一张与原记账凭证会计科目、记账方向完全相同的记账凭证，在"金额"栏中填列多计的金额，在"摘要"栏内注明"冲转第×号凭证多计数"，并据以记账，将原多记金额冲销。

3. 补充登记法

补充登记法的适用条件是：记账以后，发现记账凭证上应借、应贷的会计科目并无错误，但所填金额小于应填金额的。

更正方法是：按少记的金额，用蓝（黑）字填制一张与原记账凭证会计科目、记账方向完全相同的记账凭证，在"摘要"栏中写明"补记第×号凭证少计数"，并据以记账，补记少记金额。

四、对账与结账

（一）对账

1. 对账是指定期通过核对账簿记录，用以检查账簿是否正确的一种方法。
2. 对账的内容和方法。

（1）账证核对。应就原始凭证、记账凭证与账簿记录中的各项经济业务核对其内容、数量、金额是否相符以及会计科目是否正确。根据业务量的大小，可逐笔核对，也可抽查核对。如发现有差错，应逐步查对到最初的依据，直至查出差错的原因为止。

（2）账账核对。各种账簿之间的数字核对，总账余额、总账与明细账、日记账核对；

①检查总分类账户的记录是否有差错。可通过编制"总分类账户本期发生额和余额试算平衡表"进行检查，如果借贷双方金额试算平衡，一般说来没有错误，如果借贷双方金额不平衡，则说明记账有错误，要作进一步的检查。

全部总分类账户借方发生额合计数＝全部总分类账户贷方发生额合计数

全部总分类账户借方期末余额合计数＝全部总分类账户贷方期末余额合计数

试算平衡后，在各总分类账户的"核对号"处打"√"。

②检查总分类账户与其所属的明细分类账户或日记账户的记录是否有差错。加计各明细分类账户中的本期发生额或余额合计数，直接与总分类账户的相应数字核对。或编制明细分类账本期发生额及余额明细表或财产物资的收发结存表与总分类账户核对，如

实训项目四 建账与登账

有不符，应进一步查找差错的原因。核对无误后在各明细账户或日记账户的"核对号"处打"√"。

（3）账实核对。账簿记录与库存实物、货币资金、有价证券、往来单位或个人账款核对，核对的方法是财产清查。对固定资产、材料、在产品、产成品、现金等，均应通过盘点实物，并与账簿的结存数进行核对。核对无误后，在账户中相应记录的"核对号"处，打"√"。

（4）账表核对。账表核对是指将会计账簿的记录与会计报表有关内容核对。

（二）结账

1. 结账就是把一定时期内发生的会计事项，在全部登记入账的基础上，期末结算出每一个账户的本期发生额和余额，并划出结账标志即划线表示，结束本期账簿记录的方法。

2. 结账划线的目的，是为了突出本月合计数及月末余额，表示本会计期间的记录已经截止或结束，并将本期与下期的记录明显分开。按规定，月度结账，划单红线，年度结账，划双红线，划线应划通栏红线，即从账页左端到账页右端，不能只在账页中的金额部分划线。

3. 没有发生经济业务或只发生一笔经济业务的账户，不结计本月合计数，只需在此行下面划一单红线，表示与下月的发生额分开就可以了。但如果为年结，仍然要划通栏双红线。

4. 需要结出当月发生额的账户，月末在每个账户记录的最后一笔经济业务下面从"摘要栏"开始通栏划一条红线（计算线）。将本月的借方发生额合计、贷方发生额合计及余额分别写在红线下面行内，并在摘要栏注明"本月合计"字样，在其下面由"日期栏"开始通栏划一条红线（结账线）。

5. 需要结出本年累计发生额的账户，应在"本月合计"行下结计自年初起至本月末止的累计发生额，登记在月份发生额合计的下一行，在摘要栏内注明"本年累计"字样，并在下面通栏划一条红线；12月末的"本年累计"就是全年累计发生额。全年累计发生额下面应当通栏划两条红线（封账线），以示封账。

年末如有余额，在年结线下摘要栏内填写"结转下年"，发生额、余额均不填写；如无余额，则空置不填。

五、账簿的登记方法

（一）总分类账的格式和登记方法

1. 总账是根据总分类科目开设账户，用来登记全部经济业务，进行总分类核算，提供总括核算资料的账簿，是编制会计报表的主要依据，见表4-2。

2. 总分类账的格式为三栏式，设置借方、贷方和余额三个基本金额栏目。

3. 总分类账的登记方法，主要取决于所用的会计核算形式。可以直接根据记账凭证逐笔登记,也可以通过定期编制科目汇总表(即记账凭证汇总表),据以登记。

表 4-2　　　　　　　　　　　　总　账

一级会计科目:应收账款

年		凭证字号	摘要	借方金额	贷方金额	√	或	余额
月	日							
1	1		上年结转				借	165 300.00
	10	汇1	1—10日汇总	12 750.00	124 500.00			
	20	汇2	11—20日汇总	308 240.00	143 210.00			
	31	汇2	21—31日汇总	345 100.00	536 530.00		借	
	31		本月合计	666 290.00	804 240.00		借	27 350.00
—	—	—	—	—	—		—	—
—	—	—	—	—	—			
1	31		本月合计	562 320.00	443 230.00		借	327 620.00
2			本年合计	8 956 000.00	8 864 230.00		借	257 070.00

总账账户平时只需结出本月发生额和余额,在其下面由"日期栏"开始通栏划一条红线(结账线);年终结账时,将所有总账账户结出全年发生额和年末余额,在摘要栏内注明"本年合计"字样,并在本年合计数下面划通栏双红线(封账线),表示封账。

(二)明细分类账的格式和登记方法

明细分类账是根据二级账户或明细账户开设账页,分类、连续地登记经济业务,以提供明细核算资料的账簿。其格式有三栏式、数量金额式和多栏式等。

1. 三栏式明细账

(1)三栏式明细账的基本结构为"借方"、"贷方"和"余额"三栏,分别登记金额的增加、减少和结余,见表 4-3。

(2)由会计人员根据审核对无误的记账凭证及所附的原始凭证,逐日逐笔顺序登记。

(3)适用于各项应收应付明细账。

表 4-3　　　　　　　　　　　　　应付账款明细账

子目或户名：辉煌有限责任公司

年		凭证字号	摘要	借方金额	贷方金额	√	或	余额
月	日							
1	1		上年结转				贷	485 000.00
	4	银付 9	偿付货款	332 000.00			贷	153 000.00
	9	转 28	应付购 A 材料款		185 300.00		贷	338 300.00
		转 50	应付购 B 材料款		52 000.00		贷	390 300.00

各项应收应付明细账每次记账以后，随时结出余额，每月最后一笔余额为月末余额。

本期余额 = 上期余额 + 本期增加额 - 本期减少额

月末结账时，只需要在最后一笔经济业务记录下面划通栏单红线（结账线），不需要再结计一次余额。但如果为年结，仍然要划通栏双红线。

（4）损益类账户格式可用三栏式明细账，亦可用多栏式明细账。现以三栏式明细账为例，见表 4-4。

表 4-4　　　　　　　　　　　　　主营业务收入明细账

子目或户名：甲产品

年		凭证字号	摘要	借方金额	贷方金额	√	或	余额
月	日							
1	1	银收 5	销售 100 件		80 000.00		贷	80 000.00
	7	银收 9	销售 500 件		240 000.00		贷	320 000.00
	24	银收 38	销售 644 件		257 600.00		贷	577 600.00
	33	转 108	结转入本年利润	577 600.00			平	0.00
			本月合计	577 600.00	577 600.00		平	0.00
			本年累计发生额	577 600.00	577 600.00			

损益类账户，按月结计本月发生额，在摘要栏内注明"本月合计"，并在下面划通栏单红线（结账线）。需要结计本年累计发生额的，还应在月度结账记录下一行摘要栏内注明"本年累计发生额"字样，在摘要栏内注明"本年累计"字样，并在下面通栏划一条红线；12 月末的"本年累计"就是全年累计发生额，在下面划通栏双红线（封账线），该行的余额栏不填写。

2. 数量金额式明细账

（1）数量金额式明细账是对具有实物形态的财产物资进行明细核算的账簿，在借方（收入）、贷方（发出）和余额（结存）栏内设有数量、单价和金额三个专栏。适用于既需要反映金额，又需要反映数量的经济业务。适用于原材料、库存商品等明细账，见表 4 - 5。

（2）由会计人员根据审核无误的记账凭证及所附的原始凭证，按经济业务发生的时间先后顺序，逐日逐笔登记其数量、单价和金额。

（3）随时结出余额，每月最后一笔余额为月末余额，并在此行下面划通栏单红线；年结时，12 月末余额为年末余额，并在此行下面划通栏双红线。

表 4 - 5　　　　　　　　　　　　　　原材料明细账

编号：　　　　品名：A 材料　　　规格：　　　　　　　　　　计量单位：公斤

年		凭证字号	摘要	借方金额			贷方金额			余额		
月	日			数量	单价	金额	数量	单价	金额	数量	单价	金额
1	1		年初余额							10	25.00	250.00
	1	转 12	购入	30	25.00	750.00				40		
	4	转 40	购入	35	25.00	875.00				75		
	5	转 65	领用				35	25.00	870.00	40		
	8	转 75	领用				15	25.00	375.00	25	25.00	625.00

3. 多栏式明细账

（1）多栏式明细账是根据企业经济业务和经营管理的需要，以及业务的性质和特点，在一张账页内设若干专栏。由会计人员根据审核无误后的记账凭证，逐日逐笔顺序登记，见表 4 - 6。

（2）适用于成本费用类账户如管理费用、生产成本、制造费用等明细账。可以只按借方设置专栏，即为明细分类账，平时在借方登记其账户的发生额，期末将借方发生额一次转出的数额，用红字在多栏式账页的借方栏登记，表示冲减。

（3）适用于收入类账户如主营业务收入、其他业务收入等明细账，可以只按贷方设置专栏，即为明细分类账，平时在贷方登记其账户的发生额，期末将贷方发生额一次转出的数额，用红字在多栏式账页的贷方栏登记，表示冲减。

（4）损益类明细分类账户，月结时，在摘要栏内注明"本月合计借（或贷）方发生额"字样，并在下面通栏划一条红线；年结时，摘要栏内注明"本年累计借（或贷）方发生额"字样，并在下面划通栏双红线（封账线），该行的余额栏不填写。

生产成本、制造费用等明细分类账户，月末结账时，只需要在最后一笔经济业务记录下面划通栏单红线（结账线），不需要再结计一次余额。但如果为年结，仍然要划通栏双红线。

表 4-6　　　　　　　　　　　多栏式明细账

会计科目：制造费用

年		凭证字号	摘要	借方金额					
月	日			合计金额	工资	折旧	水电	维修	其他
1	25	转 90	折旧费	6 800.00		6 800.00			
	26	转 95	领用手套	50.00					50.00
	31	转 97	分配工资	15 500.00	15 500.00				
		转 98	分摊管理费	26 000.00				26 000.00	
		转 99	分配水电费	4 500.00			4 500.00		
	31		费用合计	52 850.00	15 500.00	6 800.00	4 500.00	2 600.00	50.00
	31		分配结转	52 850.00	15 500.00	6 800.00	4 500.00	2 600.00	50.00

六、登记现金日记账和银行存款日记账

（一）现金日记账、银行存款日记账的格式

1. 现金日记账（见表 4-7），是由出纳人员根据现金收付款凭证，按照业务发生顺序逐笔登记。每日终了，应当计算当日的现金收入合计数、现金支出合计数和结余数，并将结余数与实际库存数核对，做到随时发生随时登记，日清月结，账款相符。

2. 银行存款日记账（见表 4-8），是由出纳人员根据银行存款收付款凭证，按照业务的发生顺序逐笔登记，每日终了应结出余额。银行存款日记账应定期与"银行对账单"核对，至少每月核对一次，并按月编制"银行存款余额调节表"。

3. 日记账的基本内容：日记账名称；填制凭证的日期及编号；经济业务事项的内容（含摘要、金额）。

表 4-7

现 金 日 记 账

年		凭证编码		摘要	借方（收入）金额									贷方（支出）金额									借或贷	结 存 余 额								
月	日	字	号		千	百	十	万	千	百	十	元	角	分	千	百	十	万	千	百	十	元	角	分		千	百	十	万	千	百	十	元	角	分
4	1			期初余额																					借					3	5	0	0	0	0
4	1	银付	1	提现					4	5	0	0	0	0											借					8	0	0	0	0	0
4	6	现付	1	购买办公用品																	5	2	0	0	借					7	4	8	0	0	0
4	8	现付	2	支付货车修理费																1	2	5	0	0	借					6	2	3	0	0	0
4	12	现付	3	支付职工困难补助费																2	5	0	0	0	借					3	7	3	0	0	0
4	15	银付	5	提现					4	2	7	0	0	0											借					8	0	0	0	0	0
4	19	现付	4	预支差旅费																2	0	0	0	0	借					6	0	0	0	0	0
4	19	现付	5	支付物业管理费																	2	4	5	0	0	借					5	7	5	5	0	0

表 4-8

银 行 存 款 日 记 账

年		凭证编码			摘要	借方（收入）金额										贷方（支出）金额										借或贷	结 存 余 额									
月	日	字	号	结算单号		千	百	十	万	千	百	十	元	角	分	千	百	十	万	千	百	十	元	角	分		千	百	十	万	千	百	十	元	角	分
4	1				期初余额																					借		2	5	5	0	0	0	0	0	0
4	1	银付	1		提现															4	5	0	0	0	0	借		2	5	0	5	0	0	0	0	0
4	5	银付	2	12492	偿付前欠货款														7	0	2	0	0	0	0	借		1	8	0	3	0	0	0	0	0
4	8	银收	1	84972	销售产品				1	1	7	0	0	0	0											借		1	9	2	0	0	0	0	0	0
4	12	银收	2	21153	收到货款					9	3	6	0	0	0											借		2	8	5	6	0	0	0	0	0
4	15	银付	3	15897	支付广告费															8	0	0	0	0	0	借		2	7	7	6	0	0	0	0	0
4	19	银付	4	54658	物资采购														2	3	4	0	0	0	0	借		2	5	4	2	0	0	0	0	0
4	19	银付	5		提现															4	2	7	0	0	0	借		2	4	9	9	3	0	0	0	0
4	30	银收	3	65985	收到货款					5	8	5	0	0	0											借		2	5	5	7	8	0	0	0	0

（二）现金日记账、银行存款日记账的登记方法

1. 现金日记账和银行存款日记账的记账方法是一样的。凡是取得的收入记在"借方"，发生的支出记在"贷方"，借方余额＝上月余额＋本月借方发生额合计数－本月贷方发生额合计数。

2. 现金日记账和银行存款日记账登记的要求和依据：

（1）现金日记账通常是根据审核后的现金收款、付款凭证逐日逐笔按照经济业务发生的顺序进行登记的，为了加强对企业现金的监管，现金日记账采用订本式账簿。它是用来核算和监督库存现金每天的收入、支出和结存情况的账簿。由出纳人员根据与现金收付有关的记账凭证，如现金收款、现金付款、银行付款（提现业务）凭证，逐日逐笔进行登记，并随时结记余额。

（2）登记现金日记账时，除了遵循账簿登记的基本要求外，还应注意以下栏目的填写方法：

①日期。"日期"栏中填入的应为据以登记账簿的会计凭证上的日期，现金日记账一般依据记账凭证登记，因此，此处日期为编制该记账凭证的日期。不能填写原始凭证上记载的发生或完成该经济业务的日期，也不是实际登记该账簿的日期。

②凭证编号。"凭证字号"栏中应填入据以登账的会计凭证类型及编号。如，企业采用通用凭证格式，根据记账凭证登记现金日记账时，填入"记×号"；企业采用专用凭证格式，根据现金收款凭证登记现金日记账时，填入"收×号"。

③摘要。"摘要"栏简要说明入账的经济业务的内容，力求简明扼要。

④对应科目。"对应科目"栏应填入会计分录中"库存现金"科目的对应科目，用以反映库存现金增减变化的来龙去脉。在填写对应科目时，应注意以下三点：

第一，对应科目只填总账科目，不需填明细科目；

第二，当对应科目有多个时，应填入主要对应科目，如销售产品收到现金，则"库存现金"的对应科目有"主营业务收入"和"应交税费"，此时可在对应科目栏中填入"主营业务收入"，在借方金额栏中填入取得的现金总额，而不能将一笔现金增加业务拆分成两个对应科目金额填入两行；

第三，当对应科目有多个且不能从科目上划分出主次时，可在对应科目栏中填入其中金额较大的科目，并在其后加上"等"字。如用现金800元购买零星办公用品，其中300元由车间负担，500元由行政管理部门负担，则在现金日记账"对应科目"栏中填入"管理费用等"，在贷方金额栏中填入支付的现金总额800元。

⑤借方、贷方。"借方金额"栏、"贷方金额"栏应根据相关凭证中记录的"库存现金"科目的借贷方向及金额记入。

⑥余额。"余额"栏应根据"本行余额＝上行余额＋本行借方－本行贷方"公式计算填入。

正常情况下库存现金不允许出现贷方余额，因此，现金日记账余额栏前未印有借贷方向，其余额方向默认为借方。若在登记现金日记账过程中，由于登账顺序等特殊原因出现了贷方余额，则在余额栏用红字登记，表示贷方余额。

七、登记出纳账簿的实训资料及练习

（一）实训要求

根据下列实训资料，以南方食品厂的出纳员身份填制现金日记账和银行存款日记账。

（二）实训资料

南方食品厂 2019 年 1 月 1 日现金日记账、银行存款日记账余额见表 4-9、表 4-10：

表 4-9

现金日记账

2019年		凭证编码		摘要	对方科目	借方（收入）金额										贷方（支出）金额										借或贷	结 存 余 额									
月	日	字	号			千	百	十	万	千	百	十	元	角	分	千	百	十	万	千	百	十	元	角	分		千	百	十	万	千	百	十	元	角	分
1	1			期初余额																						借			1	0	0	0	0	0	0	0

表 4-10

银行存款日记账

2019年		凭证编码			摘要	借方（收入）金额										贷方（支出）金额										借或贷	结 存 余 额									
月	日	字	号	结算单号		千	百	十	万	千	百	十	元	角	分	千	百	十	万	千	百	十	元	角	分		千	百	十	万	千	百	十	元	角	分
1	1				期初余额																					借			2	0	0	0	0	0	0	0

实训项目四 建账与登账

南方食品厂2015年1月发生下列经济业务，要求登记现金日记账及银行存款日记账。

1. 1月2日，业务部报销广告费1 500元，现金支付，见表4-11。

表4-11

4501091987

广西增值税普通发票 发票联

No 00209766
开票日期：2019年1月2日

购货单位	名　　称：	南方食品厂				密码区			
	纳税人识别号：	4500025832189							
	地　址、电话：	南宁市园科大道35号							
	开户行及账号：	工行南宁园科支行 22022567898							
货物或应税劳务名称	规格型号	单位	数量	单价	金　　额	税率	税　　额		
*文化创意服务*广告费					1 500.00	6%	90.00		
合　　计					￥1 500.00		￥90.00		
价税合计（大写）⊗壹仟伍佰玖拾元整					（小写）￥1 590.00				
销货单位	名　　称：	飞扬广告公司				备注			
	纳税人识别号：	4500009760686							
	地　址、电话：	南宁市古成路75号							
	开户行及账号：	建行南宁古成支行 223298544336							

第二联 发票联 购货方记账凭证

收款人：　　　　　　复核：姚利　　　　开票人：李军　　　　销货单位（章）

2. 1月3日，收到南宁百货有限责任公司交来的5 000元押金，见表4-12。

表4-12

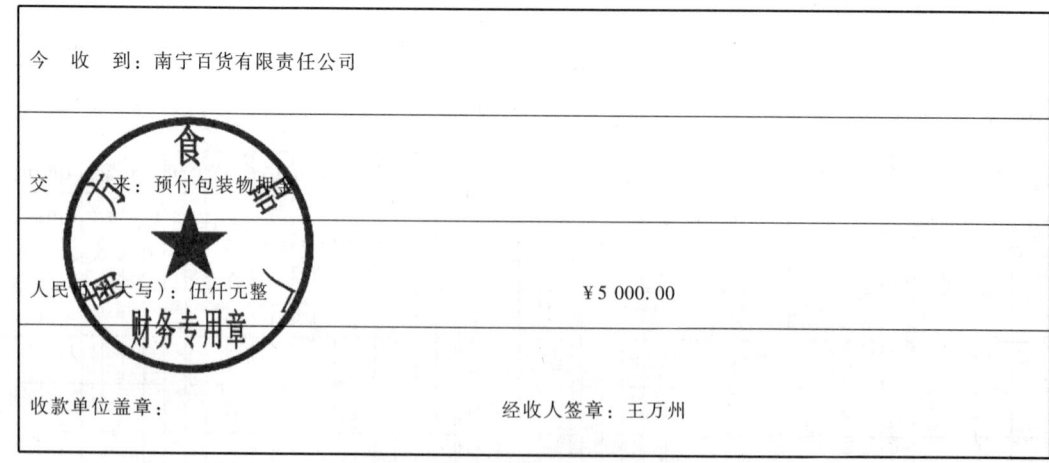

实训项目四 建账与登账

3. 1月4日，支付12月工资6 000元，现金支付，见表4-13。

表4-13　　　　　　　　　　2019年1月份工资发放表　　　　　　　　　　单位：元

序号	姓名	岗位工资	奖金	其他	应发工资	扣款	实发
1	王军	900.00	100.00	…	2 000.00	100.00	2 400.00
2	张磊	800.00	100.00	…	840.00		840.00
3	李燕	800.00	100.00	…	1 100.00		1 700.00
4	赵强	1 500.00	100.00	…	1 400.00		2 300.00
…	…	…	…	…	…	…	…
10	宁兵	750.00	300.00	…	1 050.00	200.00	1 050.00
合计		5 000.00	2 000.00	…	7 000.00	1 000.00	6 000.00

4. 1月5日，姚燕妮报销差旅费275.60元，见表4-14。

表4-14
052001800106

No 36101145
开票日期：2019年1月5日

购货单位	名　　　称：	南方食品厂	密码区				
	纳税人识别号：	4500025832189					
	地　址、电话：	南宁市园科大道35号					
	开户行及账号：	工行南宁园科支行 22022567898					
货物或应税劳务名称	规格型号	单位	数量	单价	金　额	税率	税　额
*住宿服务*住宿费		天	1	260.00	260.00	6%	15.60
合　计					¥260.00		¥15.60
价税合计（大写）⊗贰佰柒拾伍元陆角整					（小写）¥275.60		
销货单位	名　　　称：	远大酒店管理有限公司	备注				
	纳税人识别号：	9152011MA6EAB516B					
	地　址、电话：	贵阳市观山湖区北大道8号					
	开户行及账号：	中国工商银行贵阳高新区科技支行 2402000709200087081					
收款人：		复核：姚利		开票人：郭洁		销货单位（章）	

实训项目四　建账与登账

5. 6日，支付检验费350元，见表4—15。

表4—15

南宁市行政事业性收费专用票据

2019年1月6日

交款单位或个人		南方食品厂			收费许可证号										201301208
收费项目名称		收费标准			金　　　额										备注
					百	十	万	千	百	十	元	角	分		
材料检验费		350.00元							3	5	0	0	0		
金额大写		人民币叁佰伍拾元整			¥				3	5	0	0	0		

收款单位（印章）　　　　　　　　　　　　　　　　开票人：王强

6. 7日，向欣欣贸易公司购买搅拌机共计90 400元，以银行存款支付，见表4—16。

表4—16

45020123777

No 00212313

开票日期：2019年1月7日

购货单位	名　　　称：南方食品厂						
	纳税人识别号：4500025832189						
	地址、电话：南宁市园科大道35号						
	开户行及账号：工行南宁园科支行22022567898						
货物或应税劳务名称	规格型号	单位	数量	单价	金　额	税率	税　额
*专用设备*搅拌机		台	1	80 000.00	80 000.00	13%	10 400.00
合　　计					¥80 000.00		¥10 400.00
价税合计（大写）⊗玖万零肆佰元整					（小写）¥90 400.00		
销货单位	名　　　称：欣欣贸易公司						
	纳税人识别号：4501009914712						
	地址、电话：南宁市葛东路西一里						
	开户行及账号：北部湾银行邕城分行11198700562						

收款人：　　　　复核：吴德　　　　开票人：周燕　　　　销货单位（章）

表 4-17

45020123777

广西增值税专用发票 抵扣联

No 00212313

开票日期：2019 年 1 月 7 日

购货单位	名　　　称：	南方食品厂				密码区			
	纳税人识别号：	4500025832189							
	地址、电话：	南宁市园科大道 35 号							
	开户行及账号：	工行南宁园科支行 22022567898							
货物或应税劳务名称	规格型号	单位	数量	单价	金　　额		税率	税　　额	
*专用设备*搅拌机		台	1	80 000.00	80 000.00		13%	10 400.00	
合　计					¥80 000.00			¥10 400.00	
价税合计（大写）⊗玖万零肆佰元整						（小写）¥90 400.00			
销货单位	名　　　称：	欣欣贸易公司				备注			
	纳税人识别号：	4501009914712							
	地址、电话：	南宁市葛东路西一里							
	开户行及账号：	北部湾银行邕城分行 11198700562							

收款人：　　　　　　复核：吴德　　　　开票人：周燕　　　　销货单位（章）

表 4-18　　　　　　中国工商银行信汇凭证（回单）1

委托日期 2019 年 1 月 7 日

汇款人	全　　称	南方食品厂	收款人	全　　称	欣欣贸易公司
	账　　号	22022567898		账　　号	11198700562
	汇出地点	广西 省 南宁市/县		汇入地点	广西 省 柳州市/县
汇出行名称		工行南宁园科支行	汇入行名称		北部湾银行邕城分行

人民币（大写）	玖万零肆佰元整	千	百	十	万	千	百	十	元	角	分
					¥	9	0	4	0	0	0

汇出银行签章　　　　　　　　　　　附加信息及用途

实训项目四　建账与登账

7．1月8日，支付工行短期借款利息2 500元，见表4－19。

表4－19　　　　　　　　中国工商银行利息转账专用传票

科目：　　　　　　　　　2019年1月8日　　　　　　　　　　　No：0015268

收入利息单位	单位名称	工行南宁科园支行	支付利息单位	单位名称	南方食品厂									
	账号	22022211111		账号	22022567898									
利息金额	人民币（大写）	贰仟伍佰元整				千	百	十	万	千	百	十	元	角	分
										¥	2	5	0	0	0	0
计息存、贷款户账号		22022567898	上列利息金额已从贵单位结算账户划转。											
计算利息起讫时间		2018年6月1日起 2018年12月31日止												
计息积数		年利率5%												
备注：短期借款利息														

单位主管：黄春　　　　　　会计：王惠萍　　　　　　记账：马红

8．1月8日，收到城南百货超市89 200元货款，见表4－20。

表4－20　　　　　　　　中国工商银行进账单（回单）

　　　　　　　　　　　　2019年1月10日　　　　　　　　　　　第23号

付款人	全称	城南百货超市	收款人	全称	南方食品厂										此联是收款人开户行交收款人的回单（收款通知）
	账号	55004321911		账号	22022567898										
	开户银行	交行南宁市葛东路支行		开户银行	工行南宁园科支行										
人民币（大写）		捌万玖仟贰佰元整				千	百	十	万	千	百	十	元	角	分	
								¥	8	9	2	0	0	0	0	
票据种类		转账支票													
票据张数		1													
单位主管　　会计　　复核　　记账															

9. 15日,支付职工福利费2 000元,转账支付,见表4-21。

表4-21　　　　　　　职工困难补助申请表(代现金收据)

2019年1月15日

申请人姓名	王　辉		所在部门		生产车间	
家庭人口	5口,1人工作		家庭人均月收入		不足500元	
申请困难补助理由	妻子下岗,父母多病无收入来源,女儿上学,日常生活难以维系。					
申请金额	2 000.00元					
所在部门负责人	李文斌	工会负责人	张国	单位负责人	郑立	会计主管	韦敏
人民币(大写)贰仟元整				收款人签名	王　辉	

10. 20日,销售一批饼干给南宁格力科技有限公司,金额91 360元,见表4-22。

表4-22　　　　　　　中国工商银行进账单(回单)

2019年1月20日　　　　　　　　　　　　　　　第34号

付款人	全　称	南宁格力科技有限公司	收款人	全　称	南方食品厂
	账　号	22023005555		账　号	22022567898
	开户银行	中行南宁市北湖支行		开户银行	工行南宁园科支行
人民币(大写)	玖万壹仟叁佰陆拾元整		千百十万千百十元角分		
			￥9 1 3 6 0 0 0		
票据种类	转账支票				
票据张数	1		中国工商银行南宁园科支行 核算用章(08)		
单位 主管　　会计　　复核　　记账					

此联是收款人开户行交收款人的回单(收款通知)

实训项目四 建账与登账

11. 22日，南方食品厂开出现金支票，从银行提取现金3 000元，见表4-23。

表4-23

```
           中国工商银行
           现金支票存根
           Ⅸ Ⅱ 02500123

      科    目_____
      对方科目_____
      出票日期  2019年1月22日
      收款人：南方食品厂
      金   额：￥3 000.00
      用   途：备用金
      单位主管              会计
```

12. 27日，将现金4 890元，存入银行，见表4-24。

表4-24 现金缴款单（回单）
2019年1月27日

汇款人	全　称	南方食品厂	收款人	全　称	南方食品厂	此联是汇出银行给汇收款人的回单
	账　号	22022567898		账　号	22022567898	
	汇出地点	广西 省 南宁 市/县		汇入地点	广西 省 南宁 市/县	
汇出行名称		工行南宁园科支行	汇入行名称		工行南宁园科支行	

人民币（大写）	肆仟捌佰玖拾元整	千	百	十	万	千	百	十	元	角	分
					￥	4	8	9	0	0	0
汇出银行签章					附加信息及用途						

（中国工商银行南宁园科支行 核算用章（08））

（三）实训需用的会计凭证、账表需要量

1. 三栏式现金日记账账页 1 张。
2. 三栏式银行存款日记账账页 1 张。

八、登记会计账簿的实训资料及练习

（一）实训要求

1. 建账。根据南方食品厂的建账资料，建立总分类账和明细分类账。

2. 登记明细分类账。根据南方食品厂 2019 年 1 月份编制的收款、付款、转账凭证，以及所附的原始凭证，逐笔登记各种明细分类账，登记账户后随时结计余额。并随即在记账凭证的标记处打"√"。

3. 登记总分类账。根据南方食品厂 2019 年 1 月编制的科目汇总表登记总分类账，并随即在记账凭证的标记处打"√"。

4. 对账。月末将明细分类账和总分类账以及总分类账之间进行相互核对，核对无误后在各明细账户或日记账户的"核对号"处打"√"。

5. 根据总分类账的本月发生额和余额编制"总分类账户发生额和余额试算平衡表"。

6. 对账过程中如有发现账簿记录错误，必须查明错误原因，区别不同情况，选取适合的更正方法进行更正。

7. 结账。按结账要求，对总分类账、明细分类账等进行结账。

（二）实训资料

1. 南方食品厂的总分类账户及其 2019 年 1 月初余额表（三栏式的总分类账户）见表 4-25、表 4-26。

表 4-25

资产总账科目	年初借方余额	负债、所有者权益	年初贷方余额
库存现金	3 000.00	累计折旧	75 000.00
银行存款	1 221 000.00	短期借款	70 000.00
应收账款	25 000.00	应付账款	137 000.00
预付账款	10 000.00	应付职工薪酬	12 000.00
其他应收款	1 000.00	应交税费	35 000.00
在途物资		应付利息	
原材料	76 000.00	其他应付款	95 000.00

续表

资产总账科目	年初借方余额	负债、所有者权益	年初贷方余额
库存商品	48 000.00	实收资本	3 280 000.00
生产成本		本年利润	
制造费用		盈余公积	3 000.00
固定资产	2 350 000.00	利润分配	27 000.00
主营业务成本		主营业务收入	
税金及附加		营业外收入	
销售费用			
管理费用			
财务费用			
营业外支出			
所得税费用			
合　　计	3 734 000.00	合　　计	3 734 000.00

表 4－26　　　　　　　　　　　　　总　　　账

一级会计科目：

年		凭证字号	摘要	借方金额	贷方金额	或	余额
月	日						

2. 明细分类账户 1 月初余额表（三栏式明细分类账户）见表 4－27、表 4－28。

表 4－27

总账科目	明细科目	借或贷	年初余额
应收账款		借	25 000.00
	天天乐超市	借	25 000.00
其他应收款		借	1 000.00
	蒋军	借	1 000.00

续表

总账科目	明细科目	借或贷	年初余额
预付账款		借	10 000.00
	祥扬食品公司	借	10 000.00
	阳阳面粉厂	借	
固定资产		借	2 350 000.00
	房屋建筑	借	1 300 000.00
	生产设备	借	750 000.00
	办公设备	借	300 000.00
应付账款		贷	137 000.00
	阳阳面粉厂	贷	37 000.00
	欣欣贸易公司	贷	100 000.00
应交税费		贷	35 000.00
	应交增值税	贷	20 000.00
	应交城市维护建设税	贷	1 400.00
	应交教育费附加	贷	600.00
	应交所得税	贷	13 000.00
利润分配		贷	27 000.00
	提取盈余公积	贷	
	应付利润	贷	
	未分配利润	贷	27 000.00

3. 南方食品厂的明细账户，见表4－28。

表4－28　　　　　　　　　　　明　细　账

子科目或户名：

年		凭证字号	摘要	借方金额	贷方金额	或	余额
月	日						

实训项目四 建账与登账

4. 1月初数量金额式明细账户余额见表4-29至表4-35。

表4-29

库存商品名称：薄脆饼　　　　　　　　　　　　　　　　　　　　　数量单位：公斤

2019年		凭证		摘要	收入			发出			结存		
月	日	类	号		数量	单价	金额	数量	单价	金额	数量	单价	金额
1	1			上年结转							1 500	12.00	18 000

表4-30

库存商品名称：蛋香饼　　　　　　　　　　　　　　　　　　　　　数量单位：公斤

2019年		凭证		摘要	收入			发出			结存		
月	日	类	号		数量	单价	金额	数量	单价	金额	数量	单价	金额
1	1			上年结转							2 000	15.00	30 000

表4-31

原材料名称：面粉　　　　　　　　　　　　　　　　　　　　　　　数量单位：公斤

2019年		凭证		摘要	收入			发出			结存		
月	日	类	号		数量	单价	金额	数量	单价	金额	数量	单价	金额
1	1			上年结转							5 000	4.00	20 000

表4-32

原材料名称：白糖　　　　　　　　　　　　　　　　　　　　　　　数量单位：公斤

2019年		凭证		摘要	收入			发出			结存		
月	日	类	号		数量	单价	金额	数量	单价	金额	数量	单价	金额
1	1			上年结转							3 000	8.00	24 000

表 4-33

原材料名称：花生油　　　　　　　　　　　　　　　　　　　　　　　　　数量单位：公斤

2019年		凭证		摘要	收入			发出			结存		
月	日	类	号		数量	单价	金额	数量	单价	金额	数量	单价	金额
1	1			上年结转							2 000	16	32 000

表 4-34

原材料名称：鸡蛋　　　　　　　　　　　　　　　　　　　　　　　　　　数量单位：公斤

年		凭证		摘要	收入			发出			结存		
月	日	类	号		数量	单价	金额	数量	单价	金额	数量	单价	金额

表 4-35

原材料名称：食用添加剂　　　　　　　　　　　　　　　　　　　　　　　数量单位：盒

年		凭证		摘要	收入			发出			结存		
月	日	类	号		数量	单价	金额	数量	单价	金额	数量	单价	金额

5. 1月初开设多栏式明细分类账户见表 4-36 至表 4-43。

表 4-36　　　　　　　　　　　　　　管理费用多栏式明细账

年		凭证		摘要	借方项目					合计
月	日	类	号		工资费	折旧费	水电费	办公费	其他	

表 4–37　　　　　　　　　　　销售费用多栏式明细账

年		凭证		摘要	借方明细科目					合计
月	日	类	号		工资	折旧费	水电费	广告费		

表 4–38　　　　　　　　　　　财务费用多栏式明细账

年		凭证		摘要	借方明细科目					合计
月	日	类	号		利息费					

表 4–39　　　　　　　　　　　制造费用多栏式明细账

年		凭证		摘要	借方项目					合计
月	日	类	号		工资	折旧	水电费	维修费	其他	

表 4–40　　　　　　　　　生产成本多栏式明细账——薄脆饼

年		凭证		摘要	借方项目					合计
月	日	类	号		直接材料	直接人工	制造费用			

表 4–41　　　　　　　　　生产成本多栏式明细账——蛋香饼

年		凭证		摘要	借方项目					合计
月	日	类	号		直接材料	直接人工	制造费用			

表 4-42　　　　　　　　　主营业务收入多栏式明细账

年		凭证		摘要	贷方明细科目					合计
月	日	类	号		薄脆饼	蛋香饼				

表 4-43　　　　　　　　　主营业务成本多栏式明细账

年		凭证		摘要	借方明细科目					合计
月	日	类	号		薄脆饼	蛋香饼				

（三）实训需用的会计凭证、账表需要量

1. 总账页 35 张。
2. 三栏式明细账页 30 张。
3. 数量金额式明细账页 8 张。
4. 多栏式明细账页 10 张。
5. 账簿封壳 2 套。

要求：所有账页规格一致，账页与账簿封面的大小一致。

实训项目五 财产清查

一、实训目的

通过训练使学生了解制造型企业的财产清查内容，能够掌握现金盘点表、银行存款余额调节表以及存货实存账存对比表的填写技能。

二、财产清查的概念及范围

财产清查是对各项财产、物资进行实地盘点和核对，查明财产物资、货币资金和结算款的实有数额，确定其账面结存数额和实际结存数额是否一致，以保证账实相符的一种会计专门方法。

三、财产清查的种类

（一）全部清查与局部清查

按照财产清查的范围不同，财产清查可以分为全部清查与局部清查。

全部清查是指对企业全部财产进行盘点和核对。全部清查涉及的范围广，时间长，工作量大，参加的人员也多，有时还会影响企业的正常经营，所以一般在以下的几种情况时采用：

(1) 年终决算之前；
(2) 企业合并或停产；
(3) 单位主要负责人离职等。

局部清查是指根据需要对企业的一部分财产进行的清查。如：
(1) 库存现金应每日盘点1次；
(2) 银行存款至少每月同银行核对1次；
(3) 各种存货应有计划地抽查；
(4) 债权资产，应在会计年度内至少核对1—2次。

(二) 定期清查与不定期清查

按照清查的时间不同，财产清查可分为定期清查和不定期清查。

定期清查是指根据计划安排的时间对财产所进行的清查。通常在年末、季末或月末结账前进行。

不定期清查是指根据需要所进行的临时清查。通常在以下几种情况下进行：
(1) 更换财产物资保管员和现金出纳员时；
(2) 发生非常损失时；
(3) 有关单位对企业审计时等。

(三) 内部清查与外部清查

根据清查的执行单位不同，财产清查可以分为内部清查和外部清查。
(1) 内部清查是指由本企业的有关人员对本企业的财产所进行的清查。
(2) 外部清查是指由企业外部的有关部门或人员根据国家法律法规的规定对企业所进行的财产清查。

四、财产清查前的准备

(一) 企业层面上的准备工作

为了使财产清查能够有序的进行，必须成立专门的财产清查领导小组，领导小组的主要任务是：
(1) 制订清查工作计划，明确清查范围，安排清查工作的详细步骤，调配财产清查人员。
(2) 检查和督促清查工作，及时的解决清查工作中的问题。
(3) 清查工作结束后，写出清查工作的总结报告，提出财产清查结果的处理意见。

(二) 业务层面上的准备工作

业务层面上的准备是财产清查得以进行的重要前提，所以各部门必须做好业务层面上的准备工作，包括：

实训项目五 财产清查

(1) 会计部门要在财产清查之前将所有的经济业务登记入账并结出余额,做到账账相符、账证相符。

(2) 财产物资保管部门要在财产清查前将各项财产物资的增减变动情况办好凭证手续,全部登记入账,结出各账户余额,并与会计部门的有关财产物资核对相符,将各种财产物资排列整齐,挂上标签,标明品种、规格及结存数量,以便进行实物盘点。

(3) 财产清查人员要准备好有关计量器具,以及各种必要的凭证、表格等。

五、实训资料与练习

(一) 实训要求

根据下列实训资料,学习填写"库存现金盘点表"、"银行存款余额调节表"及编制"存货实存账存对比表"。

(二) 实训资料

1. 2019年4月30日盘点的库存现金数量如下:

100元、10元、1元以及5角各20张,50元18张,20元17张,5元40张,1角5张,另有一张运费发票150元,系为其他单位垫支的运输费用,一张营销人员王某签字的借款单2 000元整,此借款单未有相关人员的批准,也未指明用途,一张变卖旧纸箱收入65.5元单据。

要求:根据现金日记账(见表5-1)以及盘点的库存现金的金额,填写南方食品厂"库存现金盘点表",见表5-2。

表 5-1 现 金 日 记 账

2019年		凭证编码		摘要	借方(收入)金额									贷方(支出)金额									借或贷	结 存 余 额								
月	日	字	号		千	百	十	万	千	百	十	元	角	分	千	百	十	万	千	百	十	元	角	分		千	百	十	万	千	百	十	元	角	分
4	1			期初余额																						借					3	5	0	0	0	0
4	1	银付	1	提现					4	5	0	0	0	0											借					8	0	0	0	0	0
4	6	现付	1	购买办公用品																5	2	0	0	0	借					7	4	8	0	0	0
4	8	现付	2	支付货车修理费															1	2	5	0	0	0	借					6	2	3	0	0	0
4	12	现付	3	支付职工困难补助费															2	5	0	0	0	0	借					3	7	3	0	0	0
4	15	银付	5	提现					4	2	7	0	0	0											借					8	0	0	0	0	0
4	19	现付	4	预支差旅费															2	0	0	0	0	0	借					6	0	0	0	0	0
4	19	现付	5	支付物业管理费																2	4	5	0	0	借					5	7	5	5	0	0

表 5-2　　　　　　　　　　库 存 现 金 盘 点 表

单位：　　　　　　　　　　　　　　　　　　　　　　　日期：　年　月　日

票面额	张数	金额	票面额	张数	金额
壹佰元			伍　角		
伍拾元			贰　角		
贰拾元			壹　角		
拾　元			伍　分		
伍　元			贰　分		
贰　元			壹　分		
壹　元			合　计		

减：已收讫未入账的收入凭证	
加：已付讫未入账的支出凭证	
加：白条抵库	
调整后实际账面余额：	
现金日记账账面余额：	
差额	
处理意见：	

主管　　　　　　　　　　　盘点人员　　　　　　　　　　　出纳

2. 根据银行对账单（表 5-3）以及银行存款日记账（表 5-4），判断有无未达账项。

要求：如果存在未达账项，请编制银行存款余额调节表，见表 5-5。

实训项目五 财产清查

表 5-3　　　　　　　　　　中国工商银行客户存款对账单

网点号：112535　　　　　　　币种：人民币　　　　　　　　　单位：元

账号：22022567898　　　　　户名：南方食品厂

日期	交易类型	业务摘要	对方账户名称	对方账号	收入	支出	余额	记账信息
2019/04/01	现金	取现				4 500.00	250 500.00	0012
2019/04/08	支票	存款			11 700.00		262 200.00	1340
2019/04/09	转账	代扣3月电费	南宁市电力局	45696985665		1 490.00	260 710.00	0012
2019/04/12	支票	存款			93 600.00		354 310.00	1321
2019/04/17	转账	往来业务	飞扬有限责任公司	62215423777		8 000.00	346 310.00	0001
2019/04/17	转账	往来业务	华翔有限责任公司	62215061100		70 200.00	276 110.00	1321
2019/04/19	现金	取现				4 270.00	271 840.00	0038
2019/04/22	转账	转账收入	清山商贸有限公司	45569555652	17 550.00		289 390.00	1321
2019/04/30	转账	结息			167.00		289 557.00	1340

截至 2019 年 4 月 30 日 09：30，账户余额：289 557.00　　可用余额：289 557.00

打印日期：2019-4-30

表 5-4　　　　　　　　　　银 行 存 款 日 记 账

2019年		凭证编码		摘要	借方（收入）金额	贷方（支出）金额	借或贷	结存余额
月	日	字	号 结算单号		千百十万千百十元角分	千百十万千百十元角分		千百十万千百十元角分
4	1			期初余额			借	2 5 5 0 0 0 0 0
4	1	银付	1	提现		4 5 0 0 0 0	借	2 5 0 5 0 0 0 0
4	5	银付	2　12492	偿付前欠货款		7 0 2 0 0 0 0	借	1 8 0 3 0 0 0 0
4	8	银收	1　84972	销售产品	1 1 7 0 0 0 0		借	1 9 2 0 0 0 0 0
4	12	银收	2　21153	收到货款	9 3 6 0 0 0 0		借	2 8 5 6 0 0 0 0
4	15	银付	3　15897	支付广告费		8 0 0 0 0	借	2 7 7 6 0 0 0 0
4	19	银付	4　54658	物资采购		2 3 4 0 0 0 0	借	2 5 4 2 0 0 0 0
4	19	银付	5	提现		4 2 7 0 0 0	借	2 4 9 9 3 0 0 0
4	30	银收	3　65985	收到货款	5 8 5 0 0 0		借	2 5 5 7 8 0 0 0

表 5-5　　　　　　　　　　　　　银行存款余额调节表

年　月　日　　　　　　　　　　　　　　　金额单位：元

项目	金额	项目	金额
企业银行存款日记账余额		银行对账单余额	
加：银行已收 　　企业未收		加：企业已收 　　银行未收	
减：银行已付 　　企业未付		减：企业已付 　　银行未付	
调节后的存款余额		调节后的存款余额	

主管：　　　　　　　　　　　　　会计：　　　　　　　　　　　　　填表人：

3. 根据各存货明细分类账（表 5-6 至表 5-12）及存货盘存单（表 5-13），判断财产清查的结果。

要求：编制存货实存账存对比表，见表 5-14。

表 5-6　　　　　　　　　　　　　库存商品明细分类账

名称：薄脆饼

2019年 月	2019年 日	凭证 字号	摘要	借方 数量	借方 单价	借方 金额 百十万千百十元角分	贷方 数量	贷方 单价	贷方 金额 百十万千百十元角分	结存 数量	结存 单价	结存 金额 百十万千百十元角分
4	1		期初余额							1 000	12	1 2 0 0 0 0
4	3	转 3	完工入库	100	12	1 2 0 0 0 0				1 100	12	1 3 2 0 0 0 0
4	8	转 5	完工入库	200	12	2 4 0 0 0 0				1 300	12	1 5 6 0 0 0 0
4	15	转 8	完工入库	300	12	3 6 0 0 0 0				1 600	12	1 9 2 0 0 0 0
4	30	转 35	结转销售成本				700	12	8 4 0 0 0 0	900	12	1 0 8 0 0 0 0
4	30		本月合计	600	12	7 2 0 0 0 0	700	12	8 4 0 0 0 0	900	12	1 0 8 0 0 0 0

实训项目五　财产清查

表 5－7　库存商品明细分类账

名称：蛋香饼

2019年		凭证字号	摘要	借方			贷方			结存		
月	日			数量	单价	金额（百十万千百十元角分）	数量	单价	金额（百十万千百十元角分）	数量	单价	金额（百十万千百十元角分）
4	1		期初余额							600	15	9 0 0 0 00
4	10	转6	完工入库	120	15	1 8 0 0 00				720	15	1 0 8 0 0 00
4	15	转10	完工入库	100	15	1 5 0 0 00				820	15	1 2 3 0 0 00
4	30	转36	结转销售成本				500	15	7 5 0 0 00	320	15	4 8 0 0 00
4	30		本月合计	220	15	3 3 0 0 00	500	15	7 5 0 0 00	320	15	4 8 0 0 00

表 5－8　原材料明细分类账

名称：面粉

2019年		凭证字号	摘要	借方			贷方			结存		
月	日			数量	单价	金额（百十万千百十元角分）	数量	单价	金额（百十万千百十元角分）	数量	单价	金额（百十万千百十元角分）
4	1		期初余额							2 000	5	1 0 0 0 0 00
4	5	转4	生产领用				1 000	5	5 0 0 0 00	1 000	5	5 0 0 0 00
4	8	转5	生产领用				500	5	2 5 0 0 00	500	5	2 5 0 0 00
4	19	银付4	物资采购	4 000	5	2 0 0 0 0 00				4 500	5	2 2 5 0 0 00
4	30		本月合计	4 000	5	2 0 0 0 0 00	1 500	5	7 5 0 0 00	4 500	5	2 2 5 0 0 00

表 5-9　　　　　　　　　　　　　原材料明细分类账

名称：白糖

2019年		凭证字号	摘要	借方			贷方			结存		
月	日			数量	单价	金额	数量	单价	金额	数量	单价	金额
4	1		期初余额							1 000	4	4 000 00
4	5	转4	生产领用				200	4	800 00	800	4	3 200 00
4	8	转5	生产领用				200	4	800 00	600	4	2 400 00
4	30		本月合计				400	4	1 600 00	600	4	2 400 00

表 5-10　　　　　　　　　　　　原材料明细分类账

名称：花生油

2019年		凭证字号	摘要	借方			贷方			结存		
月	日			数量	单价	金额	数量	单价	金额	数量	单价	金额
4	1		期初余额							500	16	8 000 00
4	5	转4	生产领用				100	16	1 600 00	400	16	6 400 00
4	8	转5	生产领用				100	16	1 600 00	300	16	4 800 00
4	30		本月合计				200	16	3 200 00	300	16	4 800 00

实训项目五 财产清查

表5-11 原材料明细分类账

名称：鸡蛋

2019年		凭证字号	摘要	借方			贷方			结存		
月	日			数量	单价	金额	数量	单价	金额	数量	单价	金额
4	1		期初余额							500	8	4 000 00
4	5	转4	生产领用				150	8	1 200 00	350	8	2 800 00
4	8	转5	生产领用				150	8	1 200 00	200	8	1 600 00
4	30		本月合计				300	8	2 400 00	200	8	1 600 00

表5-12 原材料明细分类账

名称：食品添加剂

2019年		凭证字号	摘要	借方			贷方			结存		
月	日			数量	单价	金额	数量	单价	金额	数量	单价	金额
4	1		期初余额							1 000	10	10 000 00
4	5	转4	生产领用				50	10	500 00	950	10	9 500 00
4	8	转5	生产领用				50	10	500 00	900	10	9 000 00
4	30		本月合计				100	10	1 000 00	900	10	9 000 00

表 5-13　　　　　　　　　　　　存 货 盘 存 单

单位名称：南方食品厂　　　　　　　　　　　　　　　　　　　　　日期：2019 年 4 月 30 日

编号	名称	计量单位	数量	单价	金额	备注
1	薄脆饼	公斤	900	12.00	10 800.00	
2	蛋香饼	公斤	320	15.00	4 800.00	
3	面粉	公斤	4 505	5.00	22 525.00	
4	白糖	公斤	600	4.00	2 400.00	
5	花生油	公斤	300	16.00	4 800.00	
6	鸡蛋	公斤	200	8.00	1 600.00	
7	食用添加剂	盒	890	10.00	8 900.00	

盘点人：李梅　　　　　　　　　　　　　　　　　　　　　　　　　　保管人：苏林

表 5-14　　　　　　　　　　　　存货实存账存对比表

年　月　日

编号	名称	计量单位	单价	实存		账存		差异				备注
								盘盈		盘亏		
				数量	金额	数量	金额	数量	金额	数量	金额	

实训项目六 会计报表编制

一、实训目的

通过训练，使学生重点明确资产负债表和利润表的格式及基本内容，理解财务报表的编制要求，掌握资产负债表和利润表的编制方法。

二、财务报表的编制要求

财务报表是企业对外提供的反映企业某一特定日期财务状况和某一会计期间经营成果、现金流量等会计信息的书面文件。

编制财务报表，是对会计工作的全面总结，也是及时提供合法、真实、准确、完整的会计信息的重要环节。所以，必须严格按要求编制财务报表。

1. 真实可靠。企业编制会计报表应当根据真实的交易、事项，以及完整、准确的账簿记录等资料，并按照国家统一的会计制度规定的编制基础、编制依据、编制原则和方法编制会计报表。因此，会计报表必须根据核实无误的账簿资料编制，不得以任何方式弄虚作假。

2. 相关可比。企业会计报表所提供的财务会计信息必须与报告使用者进行决策所需要的信息相关，并且便于报告使用者在不同企业之间及同一企业前后各期之间进行比较。为了保证会计报表的全面完整，企业在编制会计报表时应当按照有关准则、制度规定的格式和内容填写，特别是对于企业有某些重要影响的事项，应当按照要求在会计报表附注中说明，不得漏编、漏报，或者任意取舍。

3. 编报及时。企业会计报表所提供的资料具有很强的时效性。编制和报送会计报表必须及时，才能为使用者提供决策所需要的信息资料。

4. 便于理解。可理解性是指会计报表提供的信息可以为使用者所理解。编制的会计报表应当清晰明了，为广大报告使用者提供企业过去、现在和未来的有关资料，为企业目前或潜在的投资者和债权人提供决策所需要的会计信息。

5. 形式规范。企业对外提供的会计报表应当依次编定页数，加具封面，装订成册，加盖公章。

财务报表封面上应当注明：企业名称、企业统一代码、组织形式、地址、报表所属年度或者月份、报出日期，并由企业负责人和主管会计工作的负责人、会计机构负责人（会计主管人员）签名并盖章；设置总会计师的企业，还应当由总会计师签名并盖章。如果是年度会计报表，还应提供会计师事务所的审计报告。

三、资产负债表的编制

（一）资产负债表的概念与格式

资产负债表是反映某一特定日期（如月末、季末、年末等）财务状况的会计报表。它的编制依据是"资产 = 负债 + 所有者权益"。

通过编制资产负债表，可以反映企业资产的构成及其状况，分析企业在某一日期拥有的经济资源及其分布情况；可以反映企业某一日期的负债总额及其结构，分析企业目前与未来需要支付债务数额；可以反映企业所有者权益的情况，了解企业现有的投资者在企业资产总额中所占的份额。

根据我国《企业会计准则》的规定，我国企业的资产负债表采用账户式结构。

账户式资产负债表分左右两方，左方为资产项目，按资产流动性大小排列；流动性大的资产，如货币资金、交易性金融资产、应收票据等排在前面；右方为负债和所有者权益项目，一般按要求清偿时间的先后顺序排列：短期借款、应付票据等流动负债排在前面，长期借款应付债券等长期负债排在中间，在清算之前不需要偿还的所有者权益排在后面。

账户式资产负债表左方和右方应平衡：资产各项目的合计数 = 负债和所有者权益各项目的合计数，反映资产、负债、所有者权益之间的内在关系。

（二）资产负债表的编制方法

资产负债表"年初数"栏内各项目，根据上年末资产负债表的"期末数"栏内各项目数额填列。

资产负债表"期末数"栏内各项目，应根据报告期有关总分类账户及明细分类账户的期末余额或分析计算填列。具体填制方法如下：

1. 根据总分类账户期末余额直接填列

总分类账户，如交易性资产、应收票据、应收利息、应收股利、在建工程、短期借款、应付票据、应付职工薪酬、应交税费、应付利息、实收资本、资本公积、盈余公积等项目，直接根据总分类账户期末余额填列。

2. 根据几个总分类账户的期末余额分析计算填列

（1）"货币资金"项目，根据"库存现金""银行存款""其他货币资金"账户的期末余额的合计数填列；

（2）"存货"项目，根据"在途物资""原材料""库存商品""委托加工物资""周转材料""生产成本"等账户期末余额的合计数再减去"存货跌价准备"账户期末余额后的净额填列。

（3）"固定资产"项目，按"固定资产"总分类账户期末余额减去"累计折旧""固定资产减值准备"总分类账户期末余额后的净额填列。

（4）"无形资产"项目，根据"无形资产"总分类账户期末余额减去"累计摊销""无形资产减值准备"总分类账户期末余额后的净额填列。

（5）"未分配利润"项目，根据"本年利润"和"利润分配"总分类账户的期末贷方余额相加后金额填列，如有借方余额时，用贷方余额减借方余额后填列。

3. 根据有关明细分类账户余额计算填列

（1）"应收账款"项目，根据"应收账款"和"预收账款"账户所属明细分类账户期末借方余额之和减去"坏账准备"中应收账款计提坏账准备的金额填列。

（2）"应付账款"项目，根据"应付账款"和"预付账款"总分类账户所属各明细分类账户的期末贷方余额之和填列。

4. 资产负债表内各项的计算：

（1）流动资产合计 = ∑（货币资金 + …… + 其他流动资产）各项。

（2）非流动资产合计 = ∑（持有至到期投资 + …… + 递延所得税资产）各项。

（3）资产总计 = 流动资产合计 + 非流动资产合计。

（4）流动负债合计 = ∑（短期借款 + …… + 其他流动负债）各项。

（5）非流动负债合计 = ∑（长期借款 + …… + 其他非流动负债）各项。

（6）负债合计 = 流动负债合计 + 非流动负债合计。

（7）所有者权益合计 = ∑（实收资本 + 资本公积 + 盈余公积 + 未分配利润）等项。

（8）负债及所有者权益总计 = 负债合计 + 所有者权益合计。

（9）资产总计 = 负债及所有者权益总计。

四、利润表的编制

（一）利润表的概念与格式

利润表是反映企业在一定会计期间经营成果的会计报表。它的编制依据是"利润 = 收入 − 费用"。利润表既是企业经营业绩的综合体现，又是企业进行利润分配的依据。通过编制"利润表"，可从总体上了解企业收入、成本、费用、净利润（或亏损）的实现及构成情况；可以利用不同时期数字比较，进行企业的获利能力及利润的未来发展趋势的分析，了解投资者投入资本的保值增值情况。

我国企业的利润表采用多步式的利润表格式。

第一步，以营业收入为基础，计算营业利润：

营业利润＝营业收入－营业成本－税金及附加－销售费用－管理费用－财务费用－资产减值损失＋公允价值变动收益（－公允价值变动损失）＋投资收益（－投资损失）

第二步，以营业利润为基础，计算利润总额：

利润总额＝营业利润＋营业外收入－营业外支出

第三步，以利润总额为基础，计算净利润：

净利润＝利润总额－所得税费用

（二）利润表的编制方法

利润表"上期金额"栏内各项目金额，根据上年度利润表"本期金额"栏内所列金额填列。

利润表"本期金额"栏内各项目金额，除"每股收益"项目外，根据有关账户的发生额分析后填列，具体填制方法如下：

（1）"营业收入"项目，根据"主营业务收入""其他业务收入"账户的发生额分析计算（本期净发生额）填列。

（2）"营业成本"项目，根据"主营业务成本""其他业务成本"账户的发生额计算（本期净发生额）填列。

（3）其他项目如"销售费用""管理费用""财务费用""资产减值损失""公允价值变动收益""营业外收入""营业外支出""所得税费用"等项目，根据同名账户期末净发生额填列。

（4）"营业利润""利润总额""净利润"项目，根据上述三个步骤计算填列。

五、实训资料及练习

（一）南方食品厂2019年6月损益类账户的本月发生额资料见表6－1：

表6－1　　　　　　　　　损　益　类　账　户

账户名称	借方发生额累计	账户名称	贷方发生额累计
主营业务成本	1 032 000	主营业务收入	1 280 000
税金及附加	2 740	其他业务收入	56 000
销售费用	75 000	营业外收入	200
其他业务成本	43 000	投资收益	16 800
管理费用	50 000		

续表

账户名称	借方发生额累计	账户名称	贷方发生额累计
财务费用	1 860		
营业外支出	300		
所得税费用	37 025		

（二）南方食品厂2019年初和2019年6月末有关账户余额见表6-2：

表6-2　　　　　　　　　各账户总账期末余额

| 账户名称 | 借方余额 | | 账户名称 | 贷方余额 | |
	年初数	期末数		年初数	期末数
库存现金	800	550	短期借款	80 000	30 000
银行存款	298 000	325 000	应付账款	42 500	61 000
应收账款	17 500	15 000	其他应付款	12 500	12 000
其他应收款	1 500	800	应交税费	3 800	7 500
原材料	202 400	186 500	应付股利	25 000	17 000
生产成本	12 000	17 500	累计折旧	28 500	42 000
库存商品	60 000	40 000	长期借款	100 000	150 000
预付账款	4 000	5 250	实收资本	2 200 000	2 200 000
固定资产	1 110 000	1 125 000	资本公积	15 000	15 000
在建工程	808 600	923 900	盈余公积	17 500	115 000
无形资产	10 000	10 000			
合计	2 524 800	2 649 500		2 524 800	2 649 500

（三）根据以上资料编制利润表（表6-3）、资产负债表（表6-4）的本期金额，并在会计报表的"制表"栏签名。

表 6-3　　　　　　　　　　　　　　　利　润　表

编制单位：南方食品厂　　　　　　　　　　　年　月　　　　　　　　　　　　　　　会企 02 表

项目名称	本期金额	上期金额
一、营业收入		
减：营业成本		
税金及附加		
销售费用		
管理费用		
财务费用		
资产减值损失		
加：公允价值变动收益		
投资收益		
二、营业利润		
加：营业外收入		
减：营业外支出		
其中：非流动资产处置损失		
三、利润总额		
减：所得税费用		
四、净利润		
五、每股收益		
（一）基本每股收益		
（二）稀释每股收益		

单位负责人：　　　　　　　　　　会计主管：　　　　　　　　　　制表：

实训项目六 会计报表编制

表 6-4   资 产 负 债 表

编制单位：南方食品厂   年   月   日   会企 01 表
单位：元

资产	期末余额	期初余额	负债及所有者权益	期末余额	期初余额
流动资产：			流动负债：		
货币资金			短期借款		
交易性金融资产			交易性金融负债		
应收票据			应付票据		
应收账款			应付账款		
预付账款			预收利息		
应收利息			应付职工薪酬		
应收股利			应交税费		
其他应收款			应付利息		
存货			应付股利		
一年到期的非流动资产			其他应付款		
其他流动资产			一年到期的非流动资产		
流动资产合计			其他流动负债		
非流动资产：			流动负债合计		
债权投资			非流动负债：		
其他债权投资			长期借款		
长期应收款			应付债券		
长期股权投资			长期应付款		
投资性房地产			专项应付款		
其他权益工具投资			预计负债		
固定资产			递延所得税负债		
在建工程			其他非流动负债		
工程物资			非流动负债合计		
固定资产清理			负债合计		
生产性生物资产			所有者权益：		
油气资产			实收资本		

续表

资产	期末余额	期初余额	负债及所有者权益	期末余额	期初余额
无形资产			资本公积		
开发支出			减：库存股		
商誉			其他综合收益		
长期待摊费用			盈余公积		
递延所得税资产			未分配利润		
其他非流动资产			所有者权益合计		
非流动资产合计					
资产总计			负债及所有者权益合计		

单位负责人： 　　　　　　会计主管： 　　　　　　制表：

（四）实训需用报表：资产负债表 1 套，利润表 1 套。报表封皮 1 张。

（五）会计报表装订成册，装订顺序：会计报表封面、资产负债表、利润表、会计报表封底。

实训项目七 基础会计综合实训

一、实训目的

本实训为会计学基础综合模拟实训,模拟南方食品厂12月份发生的全部经济业务。通过实训,使学生了解科目汇总表账务处理程序的特点、凭证与账簿设置、报表编制等,熟悉工业企业主要经济业务及其原始凭证,运用借贷记账法编制记账凭证,登记账簿、对账、结账,编制会计报表,完成一次会计循环。从而使学生对会计基础工作有一个系统的、全面的认识,能将所学的会计理论知识与实际操作方法融会贯通,掌握会计核算方法,提高会计实务操作能力。

二、实训组织准备

会计学基础综合模拟实训,应该在学习完会计学基础课程之后,专门安排一段时间连续完成,以达到综合实践的目的。

应由具有深厚理论功底并且富有实践经验的教师担任指导教师。教师不仅能够解答学生提出的各种疑难问题,而且还应能够熟练地进行会计业务操作指导。

为了使学生有身临其境的感觉,更接近实际,实训的环境应该在学校建立的会计手工模拟实训室进行,实训的形式可采用分组制,例如3人一组,互为会计主管、会计和出纳,使学生既能独立完成一整套账务,又能体验各岗位的分工。

三、实训要求

（1）仔细阅读会计主体设计，了解企业概况。

（2）熟悉有关财经法规、会计制度、会计工作基础规范要求，按规定处理经济业务。

（3）掌握科目汇总表账务处理程序的操作步骤和编制方法，按操作程序对南方食品厂12月份发生的经济业务进行相应的账务处理。

（4）实训期间独立思考、不懂就问，按照指导教师的要求和进度保质保量的完成实训任务。

（5）学生在填制会计凭证、登记账簿和编制会计报表、会计数字书写以及会计凭证装订等操作时，必需遵循《会计基础工作规范》。

四、实训操作设计

（一）会计主体设计

1. 企业概况

企业名称：南方食品厂

企业法人代表：郑立

开户银行：工行南宁园科支行

账号：22022567898

税务登记号：4500025832189

地址：南宁市园科大道35号

电话：3941789

南方食品厂主要生产薄脆饼、蛋香饼两种产品。生产主要材料为面粉、白糖、花生油、鸡蛋、食用添加剂等。该企业的注册资金为300万元，全厂的资产总额为370万元，其中固定资产为230万元。

南方食品厂全厂员工78人，设有厂部、销售部、财务部、生产车间、仓库等部门。厂长是郑立，财务部3人，其中财务主管：韦敏；会计：姚姚；出纳：卢丽（财务部3人建议由学生互换角色完成），另有车间主任：张涛，仓库保管员：苏林。

2. 企业会计制度设计

（1）采用借贷记账法。

（2）使用财政部统一规定的会计科目名称。

（3）存货按实际成本核算，出库单价按先进先出法计算。

（4）制造费用按生产工人工资比例进行分配。

（5）南方食品厂为一般纳税人，增值税税率为13%。

（6）城市维护建设税的税率是7%。

(7) 教育费附加的税率是 3%。

(8) 企业所得税的税率是 25%。

(9) 按净利润的 10% 提取法定盈余公积。

3. 账簿组织程序设计

(1) 账务处理程序：南方食品厂采用科目汇总表账务处理程序，进行会计核算全过程的操作训练。

(2) 记账凭证组织：采用通用记账凭证和科目汇总表，记账凭证的号数，按该厂经济业务的顺序编号（即"记字×"），一笔业务如需填制多张记账凭证时，采用分数编号法；科目汇总表按旬汇总，其编号为"汇字×"。

(3) 账簿组织：分别设总账、日记账（现金日记账和银行存款日记账）、明细账。总账、日记账、应收应付款项明细账等采用三栏式账页，原材料、库存商品采用数量金额式明细账，生产成本、制造费用、管理费用、销售费用、财务费用、主营业务收入、主营业务成本采用多栏式明细账。

（二）操作步骤

1. 开设账户：根据会计基础工作的要求和南方食品厂 2019 年 11 月 31 日账户余额资料开设总分类账、现金日记账、银行存款日记账及各相关的明细账。

2. 填制、审核和整理原始凭证。

3. 编制并审核记账凭证。

4. 登记明细分类账簿：现金日记账、银行存款日记账、各相关的明细账，应在业务发生时根据原始凭证或记账凭证进行登记。

5. 编制记账凭证科目汇总表：按旬或 15 天进行汇总。

6. 登记总分类账簿：根据会计凭证科目汇总表登记总分类账。

7. 对账和结账：月末结出各类账户本期发生额及期末余额，利用账簿、凭证等资料进行账证核对、账账核对；并据以编制总分类账户发生额及余额试算平衡表。

8. 编制会计报表：根据正确无误的账簿记录编制资产负债表、利润表。

9. 装订成册：将记账凭证、各种账簿、会计报表，分别加具封面，装订成册。

10. 每人写一份实训报告，总结在模拟操作中的体会、收获，并提出该实训课程需要改进和注意的问题。

五、实训资料

（一）南方食品厂 12 月份总账（表 7-1）、明细账期初余额（表 7-2）及相关数量指标（表 7-3）

表 7-1　　　　　　　　　总分类账户余额表（三栏式总分类账户）

总账科目	方向	年初	1—11月借方	1—11月贷方	方向	11月末余额
库存现金	借	3 000.00	550 000.00	550 460.00	借	2 540.00
银行存款		1 221 000.00	1 125 700.00	865 600.00		1 481 100.00
应收账款		25 000.00	27 000.00	42 780.00		9 220.00
预付账款		10 000.00	170 000.00	30 000.00		150 000.00
其他应收款		1 000.00	20 000.00	21 000.00		无
在途物资			2 288 200.00	2 288 200.00		无
生产成本			4 084 500.00	4 084 500.00		无
制造费用			1 551 700.00	1 551 700.00		无
原材料		76 000.00	2 258 200.00	2 244 000.00		90 200.00
库存商品		48 000.00	4 080 000.00	4 084 500.00		43 500.00
固定资产		2 350 000.00	50 000.00			2 400 000.00
总账合计		3 734 000.00				4 176 560.00
累计折旧	贷	75 000.00		137 500.00	贷	212 500.00
短期借款		70 000.00	270 000.00	300 000.00		100 000.00
应付账款		137 000.00	134 000.00			3 000.00
应付利息			10 000.00	10 000.00		无
应付票据						无
应付利润						无
应付职工薪酬		12 000.00	620 000.00	613 800.00		5 800.00
应交税费		35 000.00	556 400.00	588 000.00		66 600.00
其他应付款		95 000.00	94 840.00			160.00
实收资本		3 280 000.00		150 000.00		3 430 000.00
盈余公积		3 000.00				3 000.00
利润分配		27 000.00				27 000.00
本年利润				328 500.00		328 500.00
总账合计		3 734 000.00	17 890 540.00	17 890 540.00		4 176 560.00

表 7-2　　　　　明细分类账户余额表（三栏式明细分类账户）

总账科目	明细科目	借或贷	11 月末余额
应收账款	兴桂工贸公司	借	9 220.00
	小计		9 220.00
预付账款	待摊维修费	借	70 000.00
	骏马公司	借	80 000.00
	小计		150 000.00
固定资产	房屋建筑物	借	1 300 000.00
	生产设备	借	800 000.00
	办公设备	借	300 000.00
	小计		2 400 000.00
应付账款	阳阳面粉厂	贷	3 000.00
	小计		3 000.00
应付职工薪酬	工资	贷	5 800.00
应交税费	应交增值税	贷	56 000.00
	应交城市维护建设税	贷	3 920.00
	应交教育费附加	贷	1 680.00
	应交企业所得税	贷	5 000.00
	小计		66 600.00
盈余公积	提取法定盈余公积	贷	3 000.00
利润分配	未分配利润	贷	27 000.00

表 7-3　　　　　　　　损益类账户发生额表

总账科目	1—11 月借方	1—11 月贷方	备注
主营业务收入	5 446 000.00	5 446 000.00	设多栏式明细账
主营业务成本	4 084 500.00	4 084 500.00	设多栏式明细账
税金及附加	43 500.00	43 500.00	
销售费用	170 000.00	170 000.00	设多栏式明细账
管理费用	680 000.00	680 000.00	设多栏式明细账
财务费用	10 000.00	10 000.00	设多栏式明细账
营业外支出	20 000.00	20 000.00	
所得税费用	109 500.00	109 500.00	
本年利润		328 500.00	

1. 11月份月末数量金额式明细账余额见表7-4至表7-10。

表7-4

库存商品名称：薄脆饼　　　　　　　　　　　　　　　　　数量单位：公斤

年		凭证		摘要	收入			发出			结存		
月	日	类	号		数量	单价	金额	数量	单价	金额	数量	单价	金额
11	30			月末余额							2 000	12.00	24 000.00

表7-5

库存商品名称：蛋香饼　　　　　　　　　　　　　　　　　数量单位：公斤

年		凭证		摘要	收入			发出			结存		
月	日	类	号		数量	单价	金额	数量	单价	金额	数量	单价	金额
11	30			月末余额							1 300	15.00	19 500.00

表7-6

原材料名称：面粉　　　　　　　　　　　　　　　　　　　数量单位：公斤

年		凭证		摘要	收入			发出			结存		
月	日	类	号		数量	单价	金额	数量	单价	金额	数量	单价	金额
11	30			月末余额							5 840	4.00	23 360.00

表 7－7

原材料名称：白糖　　　　　　　　　　　　　　　　　　　　　数量单位：公斤

年		凭证		摘要	收入			发出			结存		
月	日	类	号		数量	单价	金额	数量	单价	金额	数量	单价	金额
11	30			月末余额							1 575	8.00	12 600.00

表 7－8

原材料名称：花生油　　　　　　　　　　　　　　　　　　　　数量单位：公斤

年		凭证		摘要	收入			发出			结存		
月	日	类	号		数量	单价	金额	数量	单价	金额	数量	单价	金额
11	30			月末余额							290	16.00	4 640.00

表 7－9

原材料名称：鸡蛋　　　　　　　　　　　　　　　　　　　　　数量单位：公斤

年		凭证		摘要	收入			发出			结存		
月	日	类	号		数量	单价	金额	数量	单价	金额	数量	单价	金额
11	30			月末余额							4 000	6.00	24 000.00

表 7-10

原材料名称：食用添加剂　　　　　　　　　　　　　　　　　　　　数量单位：公斤

年		凭证		摘要	收入			发出			结存		
月	日	类	号		数量	单价	金额	数量	单价	金额	数量	单价	金额
11	30			月末余额							2 560	10.00	25 600.00

2. 11月份月末部分多栏式明细账户余额见表 7-11 至表 7-15。

表 7-11　　　　　　　　　　主营业务收入多栏账

年		凭证		摘要	发生额明细					合计
月	日	类	号		薄脆饼	蛋香饼				

表 7-12　　　　　　　　　　主营业务成本多栏账

年		凭证		摘要	发生额明细					合计
月	日	类	号		薄脆饼	蛋香饼				

表 7-13　　　　　　　　　　销售费用多栏账

年		凭证		摘要	发生额明细					合计
月	日	类	号		工资	广告费	折旧费	水电费	其他	

表 7-14　　　　　　　　　　　管理费用多栏账

年		凭证		摘要	发生额明细					合计
月	日	类	号		办公费	差旅费	折旧费	水电费	工资	其他	

表 7-15　　　　　　　　　　　财务费用多栏账

年		凭证		摘要	发生额明细					合计
月	日	类	号		利息支出	手续费					

（二）有关客户及供应商的档案资料

表 7-16

编号	单位名称	开户银行	账号	税务登记号	地址
01	祥扬食品公司	中行柳州鱼峰分行	62012033056	4502023578567	柳州市城东路 28 号
02	兴桂工贸公司	建行桂林支江路支行	80800075432	4503002589515	桂林市支江路 110 号
03	欣欣贸易公司	北部湾银行邕城分行	11198700562	4501009914712	南宁市葛东路西一里
04	汇通商贸公司	农行邕宁彩虹支行	32100123268	4501037531593	南宁市邕宁区向东路 3 号
05	华盛食品公司	工行南宁六一分理处	22035700059	4501020134957	南宁市六一路 290 号
06	阳阳面粉厂	交行宾阳县城建分行	56005621034	4501820115532	宾阳县黎塘镇同兴路 5 号
07	城南百货超市	交行南宁市葛东路支行	55004321911	4501040177645	南宁市葛东路 177 号

(三) 操作需用凭证、账页、表格的名称和数量

1. 原始凭证粘贴单 50 张。
2. 通用记账凭证 50 张。
3. 记账凭证科目汇总表 8 张。
4. 三栏式总分类账页 50 张；现金日记账、银行存款日记账各 3 张。
5. 三栏式明细分类账页 40 张；数量金额式明细账页 10 张；多栏式明细账页 10 张。
6. 资产负债表、利润表各 2 份。
7. 会计凭证封面 3 张；账壳 2—3 套；报表封面 1 张。

(四) 2019 年 12 月南方食品厂发生以下经济业务

1. 1 日，向祥扬食品公司购入鸡蛋 1 800 公斤，单价 6 元，货款 10 800 元，增值税进项税额 1 404 元；白糖 6 000 公斤，单价 8 元，货款 48 000 元，增值税进项税额 6 240 元，食用添加剂 300 盒，单价 10 元，货款 3 000 元，增值税进项税额 390 元；之前已经付款项 61 800 元，未付 8 034 元增值税进项税款，所购原料尚未收到。

获得：增值税专用发票（第二联发票联（表 7 - 18），第三联抵扣联（表 7 - 19））、信汇凭证（表 7 - 17）已给付收款方。

表 7 - 17　　　　　中国工商银行信汇凭证（回单）1

委托日期 2019 年 12 月 1 日

汇款人	全　称	南方食品厂	收款人	全　称	祥扬食品公司	此联是汇出银行给汇收款人的回单
	账　号	22022567898		账　号	62012033056	
	汇出地点	广西 省 南宁市/县		汇入地点	广西 省 柳州市/县	
汇出行名称		工行南宁园科支行	汇入行名称		中行柳州鱼峰分行	
人民币（大写）		陆万壹仟捌佰元整	千	百	十	万	千	百	十	元	角	分
					¥	6	1	8	0	0	0
汇出银行签章		核算用章（08）	附加信息及用途			

表 7-18

45000123450

广西增值税专用发票 发票联

No 00312300

开票日期：2019 年 12 月 1 日

购货单位	名　　　称：	南方食品厂						
	纳税人识别号：	4500025832189						
	地　址、电话：	南宁市园科大道 35 号						
	开户行及账号：	工行南宁园科支行 22022567898						
货物或应税劳务名称	规格型号	单位	数　量	单价	金　　额	税率	税　　额	
*食品*鸡蛋		公斤	1 800	6.00	10 800.00	13%	1 404.00	
*调味品*白糖		公斤	6 000	8.00	48 000.00	13%	6 240.00	
*食品添加剂*食用添加剂		盒	300	10.00	3 000.00	13%	390.00	
合　　计					¥61 800.00		¥8 034.00	
价税合计（大写）⊗陆万玖仟捌佰叁拾肆元整					（小写）¥69 834.00			
销货单位	名　　　称：	祥扬食品公司			备注			
	纳税人识别号：	4502023578567						
	地　址、电话：	柳州市城东路 28 号						
	开户行及账号：	中行柳州鱼峰分行 62012033056						

收款人：　　　　　　复核：吴芳　　　　开票人：周文燕　　　　销货单位（章）

表 7-19

45000123450

广西增值税专用发票 抵扣联

No 00312300

开票日期：2019 年 12 月 1 日

购货单位	名　　　称：	南方食品厂						
	纳税人识别号：	4500025832189						
	地　址、电话：	南宁市园科大道 35 号						
	开户行及账号：	工行南宁园科支行 22022567898						
货物或应税劳务名称	规格型号	单位	数　量	单价	金　　额	税率	税　　额	
*食品*鸡蛋		公斤	1 800	6.00	10 800.00	13%	1 404.00	
*调味品*白糖		公斤	6 000	8.00	48 000.00	13%	6 240.00	
*食品添加剂*食用添加剂		盒	300	10.00	3 000.00	13%	390.00	
合　　计					¥61 800.00		¥8 034.00	
价税合计（大写）⊗陆万玖仟捌佰叁拾肆元整					（小写）¥69 834.00			
销货单位	名　　　称：	祥扬食品公司			备注			
	纳税人识别号：	4502023578567						
	地　址、电话：	柳州市城东路 28 号						
	开户行及账号：	中行柳州鱼峰分行 62012033056						

收款人：　　　　　　复核：吴芳　　　　开票人：周文燕　　　　销货单位（章）

2. 3 日，1 日向祥扬食品公司购入的鸡蛋、白糖、食用添加剂等原料验收入库。

获得：收料单，见表 7 - 20。

表 7 - 20   收　料　单

收料字　第 01 号

供货单位：祥扬食品公司　　　　2019 年 12 月 3 日　　　　　　收料库：

材料编号	材料规格及名称	计量单位	数量		金额（元）	
			应收	实收	单价元/公斤	金　额
04	鸡蛋	公斤	1 800	1 800	6.00	10 800.00
02	白糖	公斤	6 000	6 000	8.00	48 000.00
05	食用添加剂	盒	300	300	10.00	3 000.00
备注：增值税专用发票 00312300					合计	61 800.00
仓库负责人：	记账：		仓库保管员：苏林		收料：苏林	

3. 5 日，以现金支付厂部办公室人员刘娟出差珠海参加会议的预借差旅费 2 000 元。

获得：借款单，见表 7 - 21。

表 7 - 21   借　款　单

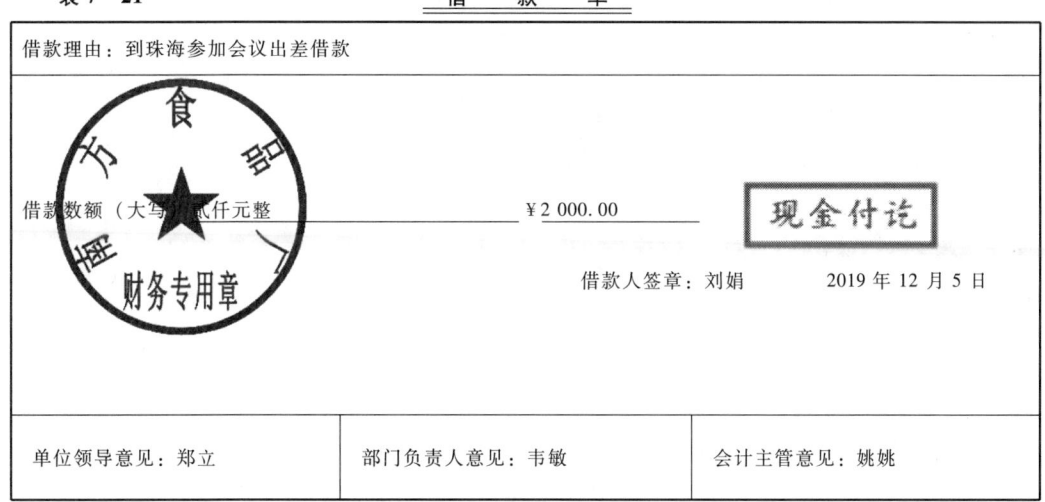

4. 6 日，收到兴桂工贸公司银行信汇凭证一张，归还前欠货款 9 220 元，已存入银行。

获得：信汇凭证的收账通知，见表 7 - 22。

表 7-22　　　　　　中国工商银行信汇凭证（收账通知）4

委托日期 2019 年 12 月 6 日

汇款人	全　称	兴桂工贸公司	收款人	全　称	南方食品厂
	账　号	80800075432		账　号	22022567898
	汇出地点	广西 省 桂林 市/县		汇入地点	广西 省 南宁 市/县
汇出行名称		建行桂林支江路支行	汇入行名称		工行南宁园科支行
人民币（大写）		玖仟贰佰贰拾元整	千 百 十 万 千 百 十 元 角 分		
			￥ 9 2 2 0 0 0		
汇入银行签章			附加信息及用途		

此联是汇入银行给收款人的收账通知

5．7 日，以银行存款缴纳上月应交增值税 56 000 元，城市维护建设税 3 920 元，教育费附加 1 680 元，企业所得税 5 000 元。

获得：国税缴税单，见表 7-23；地税缴税单，见表 7-24、表 7-25。

表 7-23

中 华 人 民 共 和 国
税 收 通 用 缴 款 书

隶属关系：　　　　　　　　　　　　　　　　　　　　　　　　　　桂国缴字：105258

注册类型：　　　　　　填发日期：2019 年 12 月 7 日　　征收机关：南宁市西乡塘区国税局

缴款人代码	4500025832189	编码	10689		
全称	南方食品厂	名称	增值税		
开户银行	工行南宁园科支行	级次	市级		
账号	22022567898	收款国库	市人民银行金库		
税款所属时期	2019 年 11 月 1 日至 30 日止	税款限缴日期	2019 年 12 月 10 日		
品目名称	课税数量	计税金额或销售数量	税率或单位税额	已缴或扣除额	实缴税额
增值税		653 846.15	13%	29 000.00	56 000.00
合计金额（大写）	伍万陆仟元整			￥56 000.00	
缴款单位经办人（章）	税务机关填票人	上列款项几经收妥并划转收款单位账号国库（银行）盖章			备注

表 7-24

中华人民共和国税收通用缴款书

隶属关系：				桂国缴字：30369	
注册类型：		填发日期：2019 年 12 月 7 日		征收机关：南宁市西乡塘区地税分局	
缴款人代码	4500025832189		编码	17011	
全称	南方食品厂		名称	城市维护建设税、教育费附加	
开户银行	工行南宁园科支行		级次	市级	
账号	22022567898		收款国库	市人民银行金库	
税款所属时期	2019 年 11 月 1 日至 30 日止		税款限缴日期	2019 年 12 月 10 日	
品目名称	课税数量	计税金额或销售数量	税率或单位税额	已缴或扣除额	实缴税额
城建税		56 000.00	7%		3 920.00
教育费		56 000.00	3%		1 680.00
合计金额（大写）	伍仟陆佰元整			¥5 600.00	
缴款单位 经办人（章）	税务机关 填票人	上列款项几经收妥并划转收款单位账号 国库（银行）盖章			备注

表 7-25

中华人民共和国税收通用缴款书

隶属关系：				桂国缴字：30370	
注册类型：		填发日期：2019 年 12 月 7 日		征收机关：南宁市西乡塘区地税分局	
缴款人代码	4500025832189		编码	17011	
全称	南方食品厂		名称	企业所得税	
开户银行	工行南宁园科支行		级次	市级	
账号	22022567898		收款国库	市人民银行金库	
税款所属时期	2019 年 11 月 1 日至 30 日止		税款限缴日期	2019 年 12 月 10 日	
品目名称	课税数量	计税金额或销售数量	税率或单位税额	已缴或扣除额	实缴税额
企业所得税		20 000.00	25%		5 000.00
合计金额（大写）	伍仟元整			¥5 000.00	
缴款单位 经办人（章）	税务机关 填票人	上列款项几经收妥并划转收款单位账号 国库（银行）盖章			备注

6.8日,向欣欣贸易公司购入花生油4 000公斤,每公斤15.90元,货款63 600元,另有运输费400元,增值税进项税额8 628元,花生油尚未运到,开出期限为3个月,金额72 268元的无息商业承兑汇票一张。

获得:增值税专用发票(第二联发票联(表7-27),第三联抵扣联(表7-28))、货运普通发票一张(表7-29)、商业承兑汇票一张(表7-26)。

表7-26 商业承兑汇票(存根3) No.1490242

签发日期(大写)贰零壹玖 年 壹拾贰月零捌日

收款人	全 称	欣欣贸易公司	付款人	全 称	南方食品厂
	账 号	11198700562		账 号	22022567898
	开户银行	交行南宁东葛分行		开户银行	工行南宁城北支分行

汇票金额	人民币 柒万贰仟贰佰陆拾捌元整 (大写)	千	百	十	万	千	百	十	元	角	分
				¥	7	2	2	6	8	0	0

汇票到期日	贰零壹玖年零叁月零陆日	交易合同号	

备注	

表7-27

45000543210

No 00312301

开票日期:2019年12月8日

购货单位	名 称:	南方食品厂	密码区					
	纳税人识别号:	4500025832189						
	地 址、电话:	南宁市园科大道35号						
	开户行及账号:	工行南宁园科支行 22022567898						
货物或应税劳务名称	规格型号	单位	数 量	单 价	金 额	税率	税 额
食用油及其制品 花生油		公斤	4 000	15.90	63 600.00	13%	8 268.00
合 计					¥63 600.00		¥8 268.00
价税合计(大写)⊗柒万壹仟捌佰陆拾捌元整				(小写)¥71 868.00			
销货单位	名 称:	欣欣贸易公司	备注				
	纳税人识别号:	4501009914712					
	地 址、电话:	南宁市葛东路西一里					
	开户行及账号:	北部湾银行邕城分行 11198700562					

收款人: 复核:陈静 开票人:蒙宁 销货单位(章)

表 7－28
45000543210

广西增值税专用发票 抵扣联

No 00312301
开票日期：2019 年 12 月 8 日

购货单位	名称	南方食品厂				密码区			
	纳税人识别号：	4500025832189							
	地址、电话	南宁市园科大道 35 号							
	开户行及账号：	工行南宁园科支行 22022567898							
货物或应税劳务名称		规格型号	单位	数　量	单价	金　　额	税率	税　　额	
食用油及其制品 花生油			公斤	4 000	15.90	63 600.00	13%	8 268.00	
合　计						￥63 600.00		￥8 268.00	
价税合计（大写）⊗柒万壹仟捌佰陆拾捌元整						（小写）￥71 868.00			
销货单位	名称	欣欣贸易公司				备注			
	纳税人识别号：	4501009914712							
	地址、电话	南宁市葛东路西一里							
	开户行及账号：	北部湾银行邕城分行 11198700562							

收款人：　　　　　　复核：陈静　　　　开票人：蒙宁　　　　　　销货单位（章）

表 7－29
4501043210

广西增值税普通发票 发票联

No 00500305
开票日期：2019 年 12 月 8 日

承运人及 纳税人识别码		4500077772100			密码区		
实际受票方及 纳税人识别码		4500025832189					
收货人及纳税人识别码		4500025832189		发货人及纳税人识别码		4501550000123	
起运地、经由、到达地		广西南宁市西乡塘区					
费用项目金额	费用项目		金　额		运输货物信息		
	*劳务*陆路货物运输服务		366.97				
合计金额	￥366.97	税率	9%	税额	33.03		
价税合计（大写）⊗肆佰元整				（小写）￥400.00			
车种车号	微型车	车船吨位			备注		
主管税务机关及代码		南宁市国家税务局 450103					

收款人：　　　　　　复核：胡天　　　　开票人：谢宁　　　　　　销货单位（章）

7. 9日，向欣欣贸易公司购入的花生油运到并验收入库。

获得：收料单，见表7-30。

表7-30　　　　　　　　　　　　收　料　单

收料字　第02号

供货单位：欣欣贸易公司　　　　　2019年12月9日　　　　　　　　收料库：

材料编号	材料规格及名称	计量单位	数量 应收	数量 实收	单价	买价	运费	实际成本
03	花生油	公斤	4 000	4 000	15.90	63 600.00	400.00	64 000.00
合　　计						63 600.00	400.00	64 000.00

备注：增值税专用发票号，No 00312301

采购：	检验：廖芳	记账员：	保管员：苏林

8. 9日，向阳阳面粉厂购进面粉20 000公斤，单价3.8元，货款76 000元，增值税进项税额9 880元，产生运费4 000元，并取得增值税专用发票。加上上月欠下的货款3 000元，共计款项93 240元，此次一并以信汇凭证付款，面粉验收入库。

获得：信汇凭证（表7-31）、增值税专用发票（第二联发票联（表7-34）、第三联抵扣联（表7-35））、材料入库单（表7-36）、货物运输业增值税专用发票（第二联抵扣联（表7-32）、第三联发票联（表7-33））。

表7-31　　　　　　　　　中国工商银行信汇凭证（回单）1

委托日期2019年12月9日

汇款人	全　称	南方食品厂	收款人	全　称	阳阳面粉厂
	账　号	22022567898		账　号	56005621034
	汇出地点	广西省 南宁市/县		汇入地点	广西省 南宁市/县

汇出行名称	工行南宁园科支行	汇入行名称	交行宾阳县城建分行

人民币（大写）	玖万叁仟贰佰肆拾元整	千	百	十	万	千	百	十	元	角	分
			¥	9	3	2	4	0	0	0

核算用章（08）

附加信息及用途

汇出银行签章

此联是汇出银行给汇收款人的回单

表 7－32

4501043210

广西增值税专用发票
抵扣联

No 00500308

开票日期：2019 年 12 月 9 日

承运人及纳税人识别码	4500077772100	密码区		
实际受票方及纳税人识别码	4500025832189			
收货人及纳税人识别码	4500025832189	发货人及纳税人识别码		4501550000123
起运地、经由、到达地	广西南宁市西乡塘区			
费用项目金额	费用项目	金额	运输货物信息	
	*劳务*陆路货物运输服务	4 000.00		
合计金额	¥4 000.00	税率	9%	税额	¥360.00
价税合计（大写）	⊗肆仟叁佰陆拾元整		（小写）¥4 360.00		
车种车号	货车	车船吨位		备注	
主管税务机关及代码	南宁市国家税务局 450103			

收款人： 复核：胡天 开票人：谢宁 销货单位（章）

第二联 抵扣联 受票方扣税凭证

表 7－33

4501043210

广西增值税专用发票
发票联

No 00500308

开票日期：2019 年 12 月 9 日

承运人及纳税人识别码	4500077772100	密码区		
实际受票方及纳税人识别码	4500025832189			
收货人及纳税人识别码	4500025832189	发货人及纳税人识别码		4501550000123
起运地、经由、到达地	广西南宁市西乡塘区			
费用项目金额	费用项目	金额	运输货物信息	
	*劳务*陆路货物运输服务	4 000.00		
合计金额	¥4 000.00	税率	9%	税额	¥360.00
价税合计（大写）	⊗肆仟叁佰陆拾元整		（小写）¥4 360.00		
车种车号	货车	车船吨位		备注	
主管税务机关及代码	南宁市国家税务局 450103			

收款人： 复核：胡天 开票人：谢宁 销货单位（章）

第三联 发票联 受票方记账凭证

表 7-34

45000543215

广西增值税专用发票 发票联

No 00312302
开票日期：2019 年 12 月 9 日

购货单位	名　　称：	南方食品厂							密码区
	纳税人识别号：	4500025832189							
	地　址、电话：	南宁市园科大道 35 号							
	开户行及账号：	工行南宁园科支行 22022567898							
货物或应税劳务名称			规格型号	单位	数　量	单价	金　　额	税率	税　额
*小麦粉*面粉				公斤	20 000	3.80	76 000.00	13%	9 880.00
合　　计							￥76 000.00		￥9 880.00
价税合计（大写）⊗捌万伍仟捌佰捌拾元整							（小写）￥85 880.00		
销货单位	名　　称：	阳阳面粉厂							备注
	纳税人识别号：	4501820115532							
	地　址、电话：	宾阳县黎塘镇同兴路 5 号							
	开户行及账号：	交行宾阳县城建分行 56005621034							

收款人：　　　　　复核：农宾　　　　开票人：杨帆　　　　销货单位（章）余楠

表 7-35

45000543215

广西增值税专用发票 抵扣联

No 00312302
开票日期：2019 年 12 月 9 日

购货单位	名　　称：	南方食品厂							密码区
	纳税人识别号：	4500025832189							
	地　址、电话：	南宁市园科大道 35 号							
	开户行及账号：	工行南宁园科支行 22022567898							
货物或应税劳务名称			规格型号	单位	数　量	单价	金　　额	税率	税　额
*小麦粉*面粉				公斤	20 000	3.80	76 000.00	13%	9 880.00
合　　计							￥76 000.00		￥9 880.00
价税合计（大写）⊗捌万伍仟捌佰捌拾元整							（小写）￥85 880.00		
销货单位	名　　称：	阳阳面粉厂							备注
	纳税人识别号：	4501820115532							
	地　址、电话：	宾阳县黎塘镇同兴路 5 号							
	开户行及账号：	交行宾阳县城建分行 56005621034							

收款人：　　　　　复核：农宾　　　　开票人：杨帆　　　　销货单位（章）余楠

表 7-36　　　　　　　　　材 料 入 库 单

入库字　第 03 号

供货单位：阳阳面粉厂　　　　　2019 年 12 月 9 日　　　　　　　　　　收料库

材料编号	材料规格及名称	计量单位	数量 应收	数量 实收	单价	买价	运费	实际成本
01	面粉	公斤	20 000	20 000	3.80	76 000.00	4 000.00	80 000.00
		合　计				76 000.00	4 000.00	80 000.00

备注：增值税专用发票号　00312302

采购：　　　　检验：廖芳　　　　记账：　　　　保管：苏林

9. 10 日，本月生产产品领用各种原料共计 205 000 元，其中用于：生产薄脆饼 16 000 公斤，生产蛋香饼 12 500 公斤。

获得：领料单，见表 7-37、表 7-38、表 7-39。

表 7-37

用途	面粉01 公斤	面粉01 单价	白糖02 公斤	白糖02 单价	花生油03 公斤	花生油03 单价	鸡蛋04 公斤	鸡蛋04 单价	食用添加剂05 盒	食用添加剂05 单价	合计（元）
薄脆饼	13 000	4.00	3 250	8.00	1 950	16.00			130	10.00	110 500.00
蛋香饼	9 000	4.00	2 250	8.00	1 800	16.00	1 800	6.00	90	10.00	94 500.00

表 7-38　　　　　　　　　领　料　单

仓库：材料库　　　　　　　2019 年 12 月 10 日　　　　　　　　领料字 01 号

材料编号	材料名称	规格	单位	请领数量	实发数量	金额 单价	金额 总价
01	面粉		公斤	13 000	13 000	4.00	52 000.00
02	白糖		公斤	3 250	3 250	8.00	26 000.00
03	花生油		公斤	1 950	1 950	16.00	31 200.00
05	食用添加剂		盒	130	130	10.00	1 300.00
		合　计					110 500.00

用途：生产薄脆饼 16 000 公斤　　领料部门：生产车间　张涛　　发料部门：材料仓库　苏林

表 7-39   领 料 单

仓库：材料库   2019 年 12 月 10 日   领料字 02 号

材料编号	材料名称	规格	单位	请领数量	实发数量	金额	
						单价	总价
01	面粉		公斤	9 000	9 000	4.00	36 000.00
02	白糖		公斤	2 250	2 250	8.00	18 000.00
03	花生油		公斤	1 800	1 800	16.00	28 800.00
04	鸡蛋		公斤	1 800	1 800	6.00	10 800.00
05	食用添加剂		盒	90	90	10.00	900.00
	合计						94 500.00
用途	生产蛋香饼 12 500 公斤	领料部门：生产车间 张涛			发料部门：材料仓库 苏林		

10. 11 日，开出现金支票从银行提取现金 5 000 元，备用。

获得：现金支票存根，见表 7-40。

表 7-40

```
中国工商银行
现金支票存根
IX II 02500123

科　　目＿＿＿＿＿＿＿＿
对方科目＿＿＿＿＿＿＿＿
出票日期　2019 年 12 月 11 日
收款人：南方食品厂
金　　额：￥5 000.00
用　　途：备用金
单位主管　　　　　　会计
```

11. 11 日，购买办公用纸、笔记本等共计 240 元。

获得：取得增值税普通发票一张，见表 7-41。

表 7-41
4501091987

No 00209765
开票日期：2019 年 12 月 11 日

购货单位	名　　称：	南方食品厂				密码区			
	纳税人识别号：	4500025832189							
	地　址、电　话：	南宁市园科大道 35 号							
	开户行及账号：	工行南宁园科支行 22022567898							
货物或应税劳务名称		规格型号	单位	数量	单价	金　　额	税率	税　额	
*纸制品*打印纸			包	3	58.25	174.75	3%	5.25	
*纸制品*笔记本			本	10	5.83	58.25	3%	1.75	
合　　计						￥233.00		￥7.00	
价税合计（大写）⊗贰佰肆拾元整						（小写）￥240.00			
销货单位	名　　称：	宜信文具店				备注			
	纳税人识别号：	4500009760686							
	地　址、电　话：	南宁市古龙路 87 号							
	开户行及账号：	建行南宁古龙支行 223298599988							
收款人：		复核：姚利		开票人：李军			销货单位（章）		

12.12 日，销售给兴桂工贸公司薄脆饼 2 000 公斤，每公斤售价 16 元，增值税额 4 160 元；蛋香饼 1 300 公斤，每公斤售价 20 元，增值税额 3 380 元。款项均未收到。

获得：增值税专用发票第四联，见表 7-42。

表 7-42
4500001177

No 00509708
开票日期：2019 年 12 月 12 日

购货单位	名　　称：	兴桂工贸公司				密码区			
	纳税人识别号：	4503002589515							
	地　址、电　话：	桂林市支江路 110 号							
	开户行及账号：	建行桂林支江路支行 80800075432							
货物或应税劳务名称		规格型号	单位	数量	单价	金　　额	税率	税　额	
*饼干*薄脆饼			公斤	2 000	16.00	32 000.00	13%	4 160.00	
*饼干*蛋香饼			公斤	1 300	20.00	26 000.00	13%	3 380.00	
合　　计						￥58 000.00		￥7 540.00	
价税合计（大写）⊗陆万伍仟伍佰肆拾元整						（小写）￥65 540.00			
销货单位	名　　称：	南方食品厂				备注			
	纳税人识别号：	4500025832189							
	地　址、电　话：	南宁市园科大道 35 号							
	开户行及账号：	工行南宁园科支行 22022567898							
收款人：		复核：姚姚		开票人：卢丽			销货单位（章）		

13. 13日，厂部办公室的刘娟出差回来报销差旅费1 560元，退回多余现金440元。

获得：刘娟差旅费报销单一张（表7-43）及车票餐票住宿费若干（均为普通发票，略）、收据一张（表7-44）。

表7-43

旅差费报销单

姓名 刘娟 职级别 _____ 填报：2019年12月13日
出差事由 赴珠海出差 _____ 记账： 年 月 日

总字第 号	字第 号	账页	记账

日期				地点		车船费		住宿费	途中补助费		住勤费			其他	合计金额							备注
起		讫																				
月	日时	月	日时	起	讫	类别	金额		天数	金额	地点	天数	金额		万	千	百	十	元	角	分	
12	5	12	12	南宁	广州	火车	650.00	380.00						60.00		1	0	9	0	0	0	
						汽车	90.00							300.00			3	9	0	0	0	
						交通	80.00												8	0	0	
							820.00	380.00						360.00								
以上单据共 张						总计金额（大写）壹仟伍佰陆拾元整									¥	1	5	6	0	0	0	

1 预支   2 外借   3 缴回   4 补付
旅费币：2 000.00   旅费币：   现款：440.00   现款币：

单位领导：郑立   会计：   分录：姚姚   审核：韦敏   出差人：刘娟

表7-44

收 据

2019年12月13日

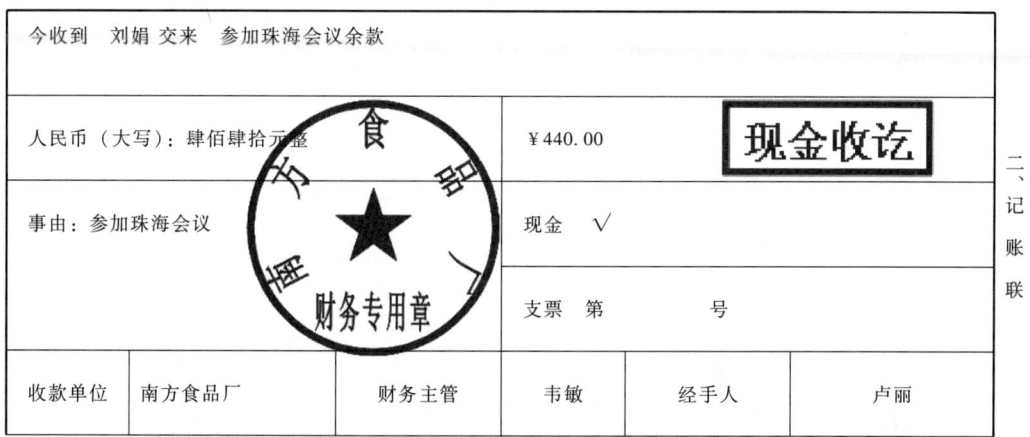

今收到 刘娟 交来 参加珠海会议余款			
人民币（大写）：肆佰肆拾元整	¥440.00		现金收讫
事由：参加珠海会议	现金 √		
	支票 第 号		
收款单位	南方食品厂	财务主管 韦敏	经手人 卢丽

14. 14日以转账支票，支付本月厂长办公室的电话费1 323元。

获得：电信部门话费单一张（表7-45）、转账支票存根（表7-46）。

表7-45

4500170987　　　　　　　　　广西增值税普通发票　　　　No 00187209
　　　　　　　　　　　　　　　　发　票　联　　　　　　开票日期：2019年12月14日

购货单位	名　　称：南方食品厂 纳税人识别号：4500025832189 地　址、电话：南宁市园科大道35号 开户行及账号：工行南宁园科支行22022567898	密码区			
货物或应税劳务名称	规格型号　单位　数量　单价	金　额	税率	税　额	
*电信服务*基础电信服务		1 213.76	9%	109.24	
合　计		￥1 213.76		￥109.24	
价税合计（大写）⊗壹仟叁佰贰拾叁元整		（小写）￥1 323.00			
销货单位	名　　称：南宁电信局 纳税人识别号：4500023348457 地　址、电话：南宁市青秀路8号 开户行及账号：建行南宁青秀支行220032985988	备注			

收款人：　　　　　复核：王思　　　　开票人：何红　　　　销货单位（章）

表7-46

15. 15日，向汇通商贸公司销售薄脆饼12 000公斤，每公斤售价16元，增值税额24 960元；销售蛋香饼9 700公斤，每公斤售价20元，增值税额25 220元。收到转账支票一张，面额是436 180元。

获得：银行进账单（表7-47），增值税专用发票记账联（表7-48）。

表7-47 中国工商银行进账单（回单）

2019年12月15日 第　号

付款人	全　称	汇通商贸公司	收款人	全　称	南方食品厂
	账　号	32100123268		账　号	22022567898
	开户银行	农行邕宁彩虹支行		开户银行	工行南宁园科支行

人民币（大写）	肆拾叁万陆仟壹佰捌拾元整	千	百	十	万	千	百	十	元	角	分
		¥	4	3	6	1	8	0	0	0	

票据种类	转账支票
票据张数	1

此联是收款人开户行交收款人回单（收款通知）

（中国工商银行南宁园科支行 核算用章（08））

表7-48
4501091777

No 00209654
开票日期：2019年12月15日

购货单位	名　称：	汇通商贸公司	密码区
	纳税人识别号：	4501037531593	
	地　址、电话：	南宁市邕宁区向东路3号	
	开户行及账号：	农行武鸣县分行 32100123268	

货物或应税劳务名称	规格型号	单位	数量	单价	金　额	税率	税　额
*饼干*薄脆饼		公斤	12 000	16.00	192 000.00	13%	24 960.00
*饼干*蛋香饼		公斤	9 700	20.00	194 000.00	13%	25 220.00
合　计					¥386 000.00		¥50 180.00

价税合计（大写） ⊗肆拾叁万陆仟壹佰捌拾元整	（小写） ¥436 180.00

销货单位	名　称：	南方食品厂	备注
	纳税人识别号：	4500025832189	
	地　址、电话：	南宁市园科大道35号	
	开户行及账号：	工行南宁园科支行 22022567898	

收款人：　　　复核：姚姚　　　开票人：卢丽　　　销货单位（章）

第四联 记账联 销货方记账凭证

16. 18日，开具现金支票从银行提取现金 90 000 元，准备发放工资。

获得：现金支票存根，见表 7-49。

表 7-49

中国工商银行
现金支票存根
Ⅸ Ⅱ 02500073
科　　目＿＿＿＿＿＿＿
对方科目＿＿＿＿＿＿＿
出票日期　2019 年 12 月 18 日
收款人：南方食品厂
金　　额：¥90 000.00
用　　途：提现备发工资
单位主管　　　　　　　会计

17. 18日，以现金 90 000 元发放工资。其中 30 000 元是奖金，60 000 元是工资。

获得：工资表（详细金额略），见表 7-50、表 7-51。

表 7-50　　　　　　　　　　　工 资 发 放 表　　　　　　　　　　第　　页

2019 年 12 月 1 日至 2019 年 12 月 31 日　　　　　　　　　　　共　　页

职工别	级别	姓名	每月工资额							应扣数	实发人民币							收款人签章	
			万	千	百	十	元	角	分		万	千	百	十	元	角	分		
1		郑立																1	2
2		韦敏																	
3		姚姚																3	4
4		……																	
5		……																5	6
6																			
		合　计																	

单位领导　　　　　　　财务经理　　　　　　　会计　　　　　　　制表

表 7-51　　　　　　　　　　　奖 金 发 放 表　　　　　　　　　第　　页
　　　　　　　　　　　　2019 年 12 月 1 日至 2019 年 12 月 31 日　　　　　　共　　页

职工别	级别	姓名	每月工资额							应扣数		实发人民币							收款人签章	
			万	千	百	十	元	角	分			万	千	百	十	元	角	分		
1		郑立																	1	2
2		韦敏																		
3		姚姚																	3	4
4		……																		
5		……																	5	6
6																				
		合计																		

单位领导　　　　　　　财务经理　　　　　　　　　　会计　　　　　　　　　　制表

18. 22 日，开具转账支票支付水费 5 000 元，其中生产车间耗用 4 000 元，行政部门耗用 1 000 元；还支付电费 12 000 元，其中生产车间耗用 10 000 元，行政部门耗用 2 000 元。

获得：水、电费发票各一张（表 7-52、表 7-53）、转账支票存根 2 张（表 7-54、表 7-55）。

要求：填写水、电费分配表，见表 7-56。

表 7-52

4501897652　　　　　　　　　　　　　　　　　　　　　　　No 00765433
　　　　　　　　　　　　　　　　　　　　　　　　　　　　　　开票日期：2019 年 12 月 22 日

购货单位	名　　称：	南方食品厂				密码区			
	纳税人识别号：	4500025832189							
	地　址、电话：	南宁市园科大道 35 号							
	开户行及账号：	工行南宁园科支行 22022567898							
货物或应税劳务名称		规格型号	单位	数量	单价	金　额		税率	税额
*水*自来水			吨	2 107.04	2.10	4 587.16		9%	412.84
合　　计						￥4 587.16			￥412.84
价税合计（大写）⊗伍仟元整						（小写）￥5 000.00			
销货单位	名　　称：	南宁市自来水公司				备注			
	纳税人识别号：	4500078865453							
	地　址、电话：	南宁市谷城路 8 号							
	开户行及账号：	工行南宁谷城支行 220293883702							

收款人：　　　　　　复核：于誉　　　　　　开票人：方向　　　　　　销货单位（章）

表 7-53

4500897653

广西增值税普通发票 发票联

No 00129834

开票日期：2019 年 12 月 22 日

购货单位	名　　　称：	南方食品厂				密码区			
	纳税人识别号：	4500025832189							
	地　址、电话：	南宁市园科大道 35 号							
	开户行及账号：	工行南宁园科支行 22022567898							

货物或应税劳务名称	规格型号	单位	数量	单价	金　　额	税率	税　　额
*电*供电		度	6 637.17	1.60	10 619.47	13%	1 380.53
合　　计					￥10 619.47		￥1 380.53

价税合计（大写）⊗壹万贰仟元整	(小写) ￥12 000.00

销货单位	名　　　称：	南宁供电局	备注	南宁供电局 发票专用章
	纳税人识别号：	450009830404		
	地　址、电话：	南宁市宁西路 10 号		
	开户行及账号：	工行南宁宁西支行 220209830942		

收款人：　　　　复核：张斯　　　　开票人：刘水商　　　　销货单位（章）

表 7-54

中国工商银行

转账支票存根

Ⅸ Ⅱ 01232150

科　目＿＿＿＿＿＿

对方科目＿＿＿＿＿＿

出票日期　2019 年 12 月 22 日

收款人：南宁市自来水公司

金　额：￥5 000.00

用　途：缴水费

单位主管　　　　　　　会计

表 7-55

```
        中国工商银行
        转账支票存根
        Ⅸ Ⅱ 01232150

科    目＿＿＿＿＿＿
对方科目＿＿＿＿＿＿
出票日期  2019 年 12 月 22 日
收款人：南宁供电局
金    额：¥12 000.00
用    途：缴电费

单位主管              会计
```

表 7-56

水 电 费 分 配 表

2019 年 12 月 22 日

受益部门	自来水费用	电力费用	合　计
生产车间			
行政部门			
合　计			

单位主管　　　　　　财务主管　　　　　　制表　　　　　　复核

19. 25 日开具转账支票支付车间人员安全培训费 13 400 元和支付车间使用的汽油费 13 000 元。

获得：石油专用发票（表 7-57）、非税收入专用收据（表 7-58）、转账支票存根 2 张（表 7-59、表 7-60）。

表 7-57

中国石油化工股份有限公司

发 票 联
报销凭证   G 国

发票代码：1450009233321
发票号码：02383321

开票日期：2019 年 12 月 25 日
发票号码：02383413
客户名称：南方食品厂

品名　　单价　　数量　　金额
93 号汽油　8.00　1 625　13 000.00
合计 ￥13 000.00
大写：壹万叁仟元整

防伪码：0537 4551 0608 9536 2043
开票单位：中石化园科路加油站
收款员：07 号
电话：0771-3310541

油品服务质量监督电话：0771-95105789
发票监督电话：0771-5300666

表7-58 广西壮族自治区政府非税收入专用收据 桂O

2019年12月25日   No 05715300

交款单位	南方食品厂		收费许可证号		28580050					
收费项目		数量	收费标准	\multicolumn{7}{c}{金额}
				万	千	百	十	元	角	分
车间人员安全培训费		10人	1 340.00元/人	1	3	4	0	0	0	0
合计金额（大写）壹万叁仟肆佰零拾零元零角零分				1	3	4	0	0	0	0
备注	一 年版		结算方式	\multicolumn{7}{c}{转账支票}

收款单位（公章）   财会主管：覃超   收款人：周宁

表7-59

中国工商银行

转账支票存根

Ⅸ Ⅱ 01232150

科　　目＿＿＿＿＿＿＿

对方科目＿＿＿＿＿＿＿

出票日期 2019年12月25日

收款人：中石化广西分公司

金　额：￥13 000.00

用　途：汽油费

单位主管　　　　　　会计

表 7－60

```
        中国工商银行
        转账支票存根
        Ⅸ Ⅱ 01232150

    科    目＿＿＿＿＿＿＿
    对方科目＿＿＿＿＿＿＿
    出票日期  2019 年 12 月 25 日
    收款人：南宁市安监局
    金    额：¥13 400.00
    用    途：培训费

    单位主管              会计
```

20. 31 日，填制固定资产分类折旧计算表，计提固定资产折旧额；并摊销本月车间应分摊的大修理费用 33 000 元。

要求：填写固定资产分类折旧计算表，见表 7－61。

获得：固定资产修理费用摊销表，见表 7－62。

表 7－61　　　　　　　　　**固定资产分类折旧计算表**

2019 年 12 月 31 日

固定资产类别	使用部门	固定资产原值	平均月折旧率	月折旧额
房屋建筑物	生产车间	1 300 000.00	0.4%	
生产设备	生产车间	800 000.00	0.6%	
办公设备	行政管理部门	300 000.00	0.8%	
合计	—	2 400 000.00	—	12 400.00

单位主管：　　　　　财务主管：　　　　　制表：　　　　　复核：

表 7-62 固定资产修理费用摊销表

2019 年 12 月 31 日

固定资产类别	使用部门	固定资产原值	本月摊销额	备注
机械设备	生产车间	800 000.00	33 000.00	
合计	—		33 000.00	

单位主管：　　　　　财务主管：　　　　　制表：　　　　　复核：

21. 31 日，分配本月工资 60 000 元。其中：生产薄脆饼的工人工资 15 000 元，生产蛋香饼的工人工资 18 000 元，车间工作人员的工资 7 000 元，厂部行政人员的工资 16 000 元，销售部门人员的工资 4 000 元。分配奖金 30 000 元。其中生产薄脆饼工人的奖金 8 700 元，生产蛋香饼的工人奖金 12 000 元，车间工作人员的奖金 2 000 元，厂部行政人员的奖金 4 800 元，销售部门人员的奖金 2 500 元。

要求：编制工资分配表，见表 7-63。

表 7-63 工 资 分 配 表

2019 年 12 月 31 日

应借科目		应付工资	奖金	合计
生产成本	薄脆饼			
	蛋香饼			
制造费用				
管理费用				
销售费用				
合计				

单位领导　　　　　财务主管　　　　　制表　　　　　审核

22. 31日,将制造费用结转到生产成本。

要求:编制制造费用分配表,见表7-64。

表7-64　　　　　　　　　制 造 费 用 分 配 表

2019年12月31日

分配对象	分配标准(生产工人工资)	分配率	分配金额	备注
薄脆饼				
蛋香饼				
合计				

单位主管:　　　　　财务主管:　　　　　制表:　　　　　审核:

23. 31日,结转本月完工产品的成本,其中生产薄脆饼14 096公斤,生产蛋香饼11 000公斤,产品均已交仓库验收。

要求:编制产品成本计算单(表7-65)、产品入库单的单价栏和金额栏(表7-66)。

表7-65　　　　　　　　　产 品 成 本 计 算 单

2019年12月31日

产品名称	直接材料	直接人工	制造费用	合计	单位成本	产量(公斤)
薄脆饼						
蛋香饼						
合　计						

单位主管:　　　　　财务主管:　　　　　制表:　　　　　审核:

表 7-66　　　　　　　　　　　产 品 入 库 单（财务联）

2019 年 12 月 31 日　　　　　　　　　　　入库　第 01 号

品　名	计量单位	数量	单价	金　额									备　注
				十	万	千	百	十	元	角	分	
薄脆饼	公斤	14 096										
蛋香饼	公斤	11 000										
合计												

仓库负责人：　　　　　记账：　　　　　仓库保管员：苏林　　　　　制单：苏林

24. 31 日，结转本月已销产品成本。本月已销薄脆饼 14 000 公斤，已销蛋香饼 11 000 公斤。

要求：填制两张出库单的数量栏、单价栏及金额栏。

获得：出库单 2 张，表 7-67 是出 11 月末库存的，表 7-68 是出 12 月生产入库的。

表 7-67　　　　　　　　　　　出 库 单（财务联）

购货单位：兴桂工贸公司　　　　　2019 年 12 月 13 日　　　　　　出库第 01 号

品　名	计量单位	数量	单价	金　额									用途或原因
				十	万	千	百	十	元	角	分	
薄脆饼	公斤	2 000	12.00									
蛋香饼	公斤	1 300	15.00									
合计												

仓库负责人：　　　记账：　　　业务：　　　仓库保管员：苏林

表 7-68　　　　　　　　　　出　库　单（财务联）

购货单位：汇通商贸公司　　　　2019 年 12 月 18 日　　　　　　　出库字第 02 号

品　名	计量单位	数量	单价	金　额								用途或原因
				十万	万	千	百	十	元	角	分	
薄脆饼	公斤	12 000										
蛋香饼	公斤	9 700										
合计												

仓库负责人：　　　　记账：　　　　业务：　　　　仓库保管员：苏林

25. 31 日，计算本月应负担的银行贷款利息，原贷款 100 000 元，月利息率 6‰。

要求：填制利息计算表，见表 7-69。

表 7-69　　　　　　　　　　**银行借款利息计算单**

2019 年 12 月 31 日

借款种类	借款金额	贷款利率	月利息额（元）
短期借款	100 000.00		
合计			

单位主管：　　　　财务主管：　　　　制表：　　　　审核：

26. 12 月 31 日计算和结转应交城市维护建设税和教育费附加（本企业不需交消费税）。

要求：编制城市维护建设税和教育费附加计算表，见表 7-70。

表 7-70　　　　　　　　　　城市维护建设税和教育费附加计算表

年　月　日

项　目	计税基础（应交增值税）	税率或征收率	应纳税额
应交城市维护建设税		7%	
教育费附加		3%	

单位主管：　　　　　　财务主管：　　　　　　制表：　　　　　　审核：

27. 31日，以现金交给桂华糖业公司合同违约金1 200元。

获得：交违约金的收据一张，见表7-71。

表 7-71　　　　　　　　　　　　收　　　据

2019 年 12 月 31 日

今　收　到：南方食品厂交来			
人民币（大写）　壹仟贰佰元整	¥ 1 200.00		
事由：违约金	现金　√		
	支票第　　　号		
收款单位	财务主管	李敏	收款人	伍浩然

第二联　交顾客

28. 31日,将各损益类账户结转到"本年利润"账户,见表7-72。

表7-72　　　　　　　　　　　　**损益类账户余额表**

年　月　日

账户名称	费用类账户（借方）余额	账户名称	收益类账户（贷方）余额
合计			

制表：

29. 31日,根据本月利润总额,计算并结转应交所得税。

要求：填制所得税计算表一张,见表7-73。

表7-73　　　　　　　　　　　　**企业所得税计算表**

年　月　日

项目	本月利润总额	本月纳税调整增加额	本月纳税调整减少额	本月应纳税所得额	税率 %	本月应交所得税额
金额						

单位主管：　　　　　财务主管：　　　　　制表：　　　　　审核：

30. 31 日，按全年净利润的 10% 提取法定盈余公积。

要求：填制盈余公积计算表一张，见表 7-74。

表 7-74　　　　　　　　　盈余公积计算表

年　月　日

分配基数	金额	分配比例	分配金额	备注
1—11 月净利润				
12 月净利润				
年度累计净利润				

单位主管：　　　　　　财务主管：　　　　　　制表：　　　　　　审核：

31. 31 日，按全年净利润的 30% 向投资者分配利润。

要求：填制应付利润计算表一张，见表 7-75。

表 7-75　　　　　　　　　应付利润计算表

年　月　日

分配基数	金额	分配比例	分配金额	备注
1—11 月净利润				
12 月净利润				
年度累计净利润				

单位主管：　　　　　　财务主管：　　　　　　制表：　　　　　　审核：

32. 31 日，将本年利润和利润分配的各明细账户余额转入"利润分配——未分配利润"账户。